出島松造

Boys, be ambitious!

ボーイズ・ビー・アンビシャス
を体現した男

◆

天野進吾
たたらなおき　村上敏

出島松造

ボーイズ・ビー・アンビシャスを体現した男

はじめに

幕末から明治期はまさに激動の時代であり、それゆえに数々の出来事がドラマチックなエピソードとして今に語り継がれています。

坂本龍馬、西郷隆盛、新選組の面々など、当時の人々の生きざまは、現代を生きる私たちをも魅了させるほどのバイタリティーにあふれています。

その一方で、砂上の足跡のように歴史の波にかき消され、埋もれてしまった人物が数多くいることも忘れてはなりません。

駿府に生まれた「出島《でじま》松造《まつぞう》」も、その一人です。

彼の名は1世紀以上も長いほこりをかぶり、その存在はごくわずかの人々にしか知られることはありませんでした。ですが、その生涯を掘り起こし、ほこりを払い落としてみると、何とも魅力的な経歴の持ち主であることが分かりました。

日本初の渡米密航者、開国日本の通訳者、アイスクリームを伝えた男、日本初の缶詰製造者――。

幕末・明治の変革期にあって、多くの業績を残した松造は、一言で表すのが大変難しい人物です。しかし、彼のキャラクターを言い表す言葉は、何と言っても、これしかないと思います。

「ボーイズ・ビー・アンビシャスを体現した男」

静岡の片田舎で生を受けた松造は、時代の風を敏感に感じ取り、生家を飛び出して「アメリカ密航」という無謀な挑戦に身を投じます。その生きざまは、後に出会うクラーク博士の遺した言葉通りです。

本書は元静岡市長・天野進吾による「評伝」、マンガ家・たたらなおきによる「漫画」、静岡人物史研究家・村上敏による「解説」と、三者三様、それぞれの表現法でそれぞれの想う出島像を描いています。

松造が歩んできた人生の中に、停滞した現代の雰囲気を突破するためのヒントがあると考えています。今日の若者に向けて「少年よ 大志を抱け」と出島に語ってもらいたいという思いが、本書を執筆した最大の理由です。

読者一人ひとりの中に、それぞれの出島像が描かれることを期待しています。

目次

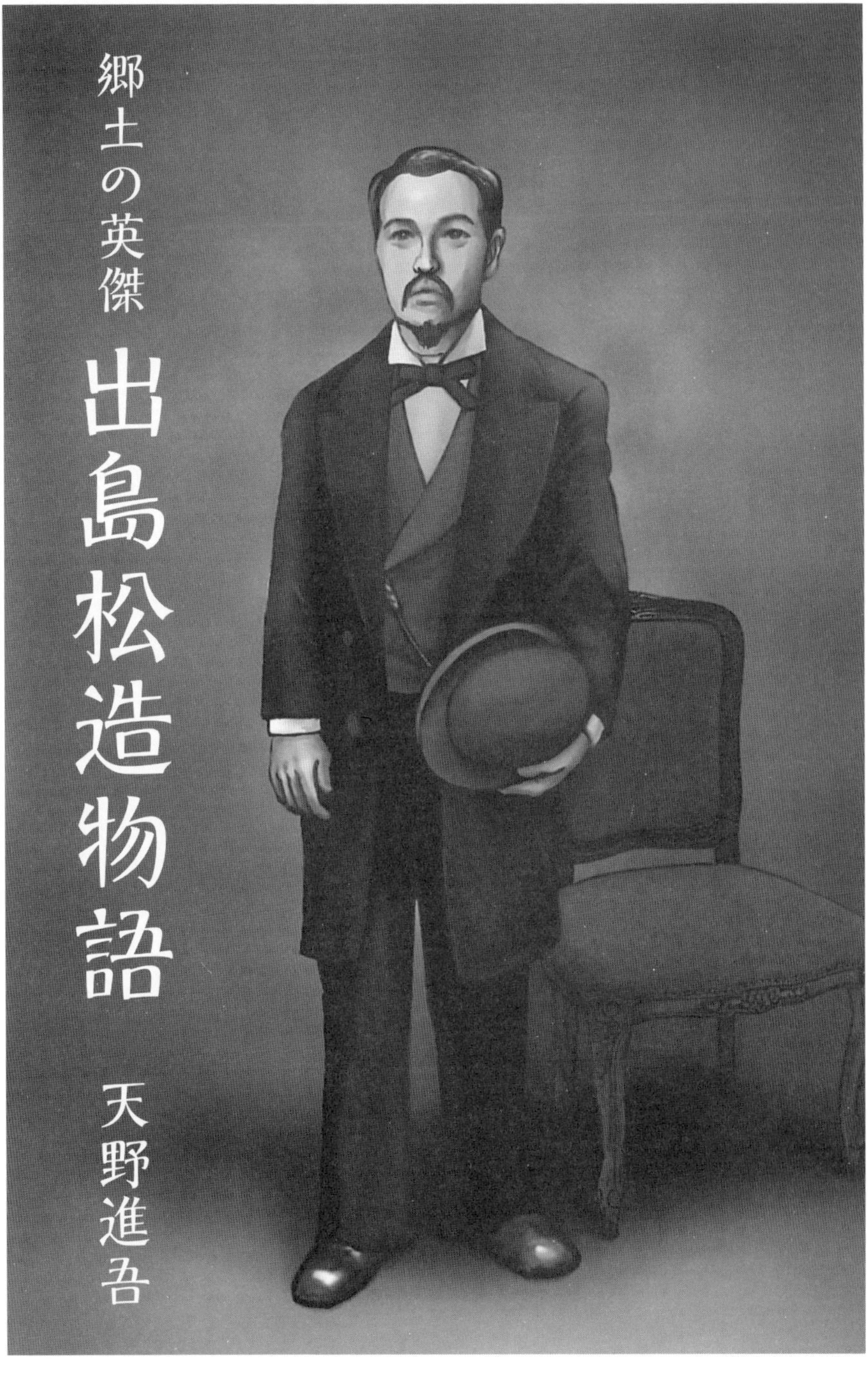
郷土の英傑
出島松造物語
天野進吾

知られざる偉人・出島松造

静岡市に生まれ、自らが描いた舞台に命運を賭して挑戦し、その結果、後世にその業績と自身の名前を残し得た人物を、敢えて本市の歴史から探せば、慶長年間にタイのアユタヤで活躍した「山田長政」、幕府転覆を策した慶安の変の首謀者「由井正雪」、そして府中に生まれ、滑稽本の代表作といわれる「東海道中膝栗毛」を著した「十返舎一九」ら以外にはおらず、静岡市民としては甚だ寂しい思いを禁じ得なかったところであります。

ところが、つい最近、ふとしたきっかけから、およそ180年前、本市の小鹿《おしか》に生まれた「出島松造」という人物の数奇にして偉大な足跡を知り、自らの筆力を顧みず、以下彼が残した自伝を基に「出島松造伝」を執筆、ここに蕪辞《ぶじ》ながらご紹介してまいります。

故郷出奔《しゅっぽん》

万延元年（1860）1月といえば、近代日本の黎明を告げる「日米修好通商条約」批准書交換のために、勝海舟ら一行が幕府使節に随行して、咸臨《かんりん》丸でアメリカへ出航した月です。

時あたかも、駿河の国・有度郡小鹿《おしか》村（現・静岡市駿河区小鹿）に誕生した出島松造（18歳）にとって、時代を先駆ける横浜は魅力あふれる街、まだ見ぬ異国人への関心もあり、寒風吹きすさぶある朝、両親をはじめ共に働く仲間にも一言の断りもなく、僅かな金銭を懐に、一路横浜に向けて出奔《しゅっぽん》したのでした。

さて、余談になりますがこの文章を認《したた》めるに当たり、筆者は市内・小鹿に住む知人の案内で、出島松造の生家を訪ねました。

現在のご当主・出島勝郎氏の邸宅には、小さめながらも樹木に覆われた庭が誂《あつら》えられ、通された応接間には勝海舟の書二幅がさりげなく掲げられておりました。

さらに、目を転ずれば、庭の中央部に1メートルほどの彫像があり、それは紛《まぎ》れもなく「出島竹斎《ちくさい》」（明雅《めいが》）像でありました。

松造は天保13年（1842）10月、出島家の三男としてここに誕生しました。

父・明雅は号を「竹斎」と称し、国学者としてその識見は東海に鳴り響き、パリ万博の帰途、この駿府に居留し、日本最初の商法会所を開設した渋沢栄一をはじめ、勝海舟、大久保一翁、山岡鉄舟らとも懇親を深める一方、呉服町（静岡市の中心部）にある小梳神社に皇学舎を設立、さらには久能山東照宮の宮司を務め、後に静岡県令顧問にもなった駿府を代表する名士でもありました。

その一方、明雅は三男の松造に対しては、将来のためを思い、商家に奉公させ、厳しい教育を課していたのであります。

しかし松造の脳裡には、「自分の人生は自らが拓く」という独立自尊の精神が若くして芽生えていたのであります。

さて、時あたかも万延元年（１８６０）、維新の先駆けとなった咸臨丸《かんりんまる》は遣米使節の随行艦に選ばれ、これに軍艦奉行・木村摂津守、さらに艦長・勝海舟以下90余名は咸臨丸に乗り込み、勇躍、アメリカに向かったのであります。

その咸臨丸がアメリカに出航した翌月、松造はかねてからの試みを実行に移すべく、両親にも一切黙って、僅か４朱（４分の１両）の銭を懐に、着の身着のまま、振り分け荷物を肩にかけ、草鞋《わらじ》履きで、独り箱根を越えて、まだ見ぬ横浜に向かって出奔、駿府を後にしたのであります。

アメリカ人貿易商と出会う

ご案内のように、安政5年（1858）6月以降、幕府は渋々、英、米、仏、蘭、露と通商条約を結び、その結果、横浜は国内で最も栄えた「諸外国との窓口」となり、自ずと若者達にとって立身出世の機会《チャンス》を内蔵した垂涎《すいぜん》の街となったのであります。

その当時、横浜本町には既に14軒の雑貨商が競っていましたが、その一つに「和田半」がありました。

全く幸運なことに、その和田半の番頭が出島家とは薄いながらも縁続きであったことをもって、松造はしばらくの間、この和田半に腰を落ち着けることにしたのであります。ところが松造にとっては運命の悪戯《いたずら》とでもいうべきでしょうか、この店にしばしば、「ヒコ」と呼ばれる一風変わった若者が顔を見せていました。

実は彼、生粋《きっすい》の日本人でありながら、訪れる外国人と気安く外国語をもって談笑しているのでした。

聞けば、播磨《はりま》の国（兵庫県）の漁師の元に育った彦太郎は13歳を迎えた時、漁師見習いとして初めて漁場に出たのでしたが、この時、思わざる嵐に遭遇して漂流、ところが幸いに、その近くを通りがかったアメリカの商船に救助され、そのままサンフランシスコに。

その後、彦太郎はボルチモアで教育を受け、1858年、ジョセフ・ヒコの名で日本人としては最初のアメリカ国籍を得たのでした。

親しくなったヒコから松造はしばしば、想像もできないほどに繁栄した米国《アメリカ》社会の実態を聞かされ、松造の脳裡には、嫌が上にも「夢の国・アメリカ」が刻みつけられていったのでした。

こうして知らず知らずのうちに松造の脳裡には「まだ見ぬアメリカへの憧憬と、そこで活躍する自分の姿」が映像化されていくのでした。

丁度その頃、和田半のお得意様の一人に米国人で「ソーヨ」という名の人柄の優しい貿易商がしばしば来社され、もとより話す言葉はチンプンカンプンながらも、何故か松造に対しては心安く気遣《きづか》ってくれるのでした。

それから、間もなく松造の人生を一変させる恐るべきニュースが飛び込んできたのであります。

実は懇意になったばかりのソーヨ氏が「近々アメリカに帰国する」という最も恐れていた噂を耳にした時、松造はこれもわが運命なりと割り切り、和田半の業務終業後、独り覚悟をもって、ソーヨ氏宅を訪ねたのであります。

しかし、ほとんど英語には無知の松造は、自身の意図を知ってもらうため、パントマイムよろしく、身振り、手振りで「私をアメリカに連れて行ってほしい」と必死になって頼みこんだのであります。

突然の訪問に驚きながらも、松造のいわんとするところを理解したソーヨ氏は、懇切丁寧に「日本人は未だ外国に渡航することは禁止されており、密航者、或いは企てた者は容赦なく斬首の刑」であると、松造の訴えを頭から拒否し続けたのでした。

しかし、松造にとって、言葉が判らないことを幸いに、ソーヨ氏の説得に何ら怯《ひる》むことなく、さらに「二度と再び日本の土を踏むつもりはありません。私はアメリカ人になります。ですから何とか……」と、このことは「死」を覚悟した上での決断であると、身振り、手振りで訴え続け、両手と額《ひたい》を床板に押しつけ、長い間、懇願し続けたのでした。

しばらくして、松造の覚悟のほどを知ったソーヨ氏は、「それではしばらくの間、言葉の勉強のため、私の家に住み込んで働いたらどうでしょう」と言い、その言葉が「了承」を意味する言葉と解釈した松造はまさに天にも昇る思いで、早速、その翌日からソーヨ家に住み込み奉公するところとなったのでした。

早朝から炊事・洗濯に始まり、使い走りや御用聞きと東奔西走、落ち着く暇もない毎日、しかも言葉は未だ赤子の如く、しかし、松造にとってそれは夢の中に生きる毎日でした。

今、私の手元に平成2年10月2日の朝日新聞に掲載された記事のコピーがあります。

そのタイトルは「発見！130年前の着色写真」とあり、その横の説明書きには、万延元年（1860年）「開港直後の横浜で撮影」とあり、日本に現存する着色写真としては最古のものと説明、さらにその脇には「写真の主は、幕府の禁をおかして米国に密航した青年」と付記されております。

この写真が物語るところ、それは弱冠18歳の青年が命運を賭けての挑戦であり、この世に自身が存在した証として、さらには誰にということでなく只々、「今生《こんじょう》の別れ」として一枚の写真を残したのでした。

しかしたった一枚の写真とはいえ、庶民には手の届かない高額な代金をフォトスタジオに払っての撮影であれば、そこにも松造の並々ならぬ「決意」を発見するのであります。

この写真は写真家としても大成功した米国人雑貨商「フリーマン」の手によるものであり、今日でもその原板は大切に保存されております。

私はこの一枚の写真を日本に残し、もって人生を賭けた心意気を見るのであります。

こうして「徒手空拳の挑戦」は火蓋を切ったのでした。

密航

万延元年（1860）12月、ついにソーヨ氏が帰国するその日を迎えたのであります。

ソーヨ氏は松造の一途な願いを聞き入れて以来、密航の手段・方法についてあれこれと算段してきたものの、もとより得策など浮かぶはずもなく、そこで思いあぐねたソーヨ氏は最後の手段としてダイノウエブスタル号の船長に赤裸々にこれまでの経緯を説明し、是が非でもここは目を瞑《つむ》ってくれるよう懇請したのでした。

ところが、船長はこの申し込みに対し頑《がん》として首を縦に振りませんでした。

そこで仕方なく、ソーヨ氏は次善の策として、一等航海士に幾ばくかの金を握らせ、協力を要請したのでした。

出航当日、松造は陽の高いうちから埠頭の片隅に隠れ、遠くから船の様子を窺っていましたが、幸運にも、夕方になって急に雨が降り出し、見張り役の下番も船室に呼び込まれました。

その直後、ソーヨ氏に依頼された航海士は松造を手招き、その合図と同時に勢いよくタラップを駆け上がると、待っていた航海士は即刻、甲板《かんぱん》に積み上げられた荷物の隙間に松造を押し込め、さらにその上から一枚のシートを被《かぶ》せたのでした。

間もなく、覆っていたシートにも激しく雨音が鳴ると共に、「ゴトン、ゴトン」と待望のエンジン音が松造の腹を揺するのでした。

それは夢に描いた「出航」の時です。

寒さに震えながらも「父上、母上、さようなら、私の我儘《わがまま》を許してください」と心の中で手を合わせ、しばし目を閉じて両親の平安を祈っていましたが、間もなく、松造は生まれて初めての船酔いに見舞われ、息は絶え絶え、さらには嘔吐《おうと》したくても胃液で鼻は塞《ふさ》がり、今にも内臓が口から飛び出すのではないかという、まさに筆舌に尽くし難い苦しみを味わったのでした。

甲板《かんぱん》に積まれた荷物の中で、声もなく、ひたすら、もがき苦しみ続けた4日目の夕刻、無意識のままに、包《くる》まったシートの僅かな隙間から外を覗いたところ、運悪くそこに船員の目玉と「がっちんこ」、見つかってしまったのでした。

当然のように、松造は甲板に引っ張り出され、船員らが大騒ぎする中、間もなく、ソーヨ氏が駆け付け、その場を取り繕《つくろ》ってくれたのでした。

ところが船長だけは「法を犯したこの日本人は日本政府に引き渡すべきだ」と頑強に言い張っていましたが、実業家のソーヨ氏は、極めて冷静に「この船も出航して既に4日、これから往復すれば大変な時間と経費が無駄になる」との屁理屈を並べ、さらには「荷揚げ作業中、生憎《あいにく》の降雨のために、下船しようとしたものの、船は既に離岸してしまった」との取ってつけたような理由で、その場の船員らを納得させ、松造は再び軟禁されたのでした。

松造が晴れて甲板に出られたのはさらに半月後、体はますます衰弱し、まさに「半病人」

になってしまいましたが、久方ぶりに水平線に顔を出した太陽に手を合わせ拝《おが》んだとき初めて、自身の生存を確認したのであります。

それからさらに11日、横浜を発って27日目の万延2年（1861）1月13日、帆船は何事もなかったように、サンフランシスコの港に横付けされ、松造の「身命を賭した航海」にピリオドを打つことができたのでした。

サンフランシスコの際限もない賑わいと超高層のビルディングに松造は腰を抜かし、ただただ茫然自失するのでした。

それにしてもアメリカに到着後も、ソーヨ氏の優しい気配りに、松造は頭が下がるばかりで、その時の思いは生涯忘れることはできないところとなったのでした。

ことに松造が鬼ヶ島の「鬼」と形容したこの国の人々は、背は高く、赤い顔、青い目をし、それはあたかもお伽噺《とぎばなし》に出てくる鬼ヶ島の住人と映り、ただただ驚きと恐怖心が入り交じり、しばらくはソーヨ氏の後姿に、ひたすら、密着して町中を歩き回るばかりでした。

さらに、繁華街に出れば、行き交う人々は「これまで見たこともない小汚い衣装」を身に纏《まと》った松造を物珍しげに眺めました。特に人々の注目を集めた代物は「丁髷《ちょんまげ》」、それはあたかも「小さな棒切れのようなもの」を頭上にのせているように見え、中には剽軽《ひょうきん》にも手にしたステッキでその丁髷《ちょんまげ》を突ついたり、さらにはダウンタウンにあっては、物珍しげに買い物客が二人の後をついてくる始末、松造はまさに道化師そのものでした。

それから間もなく松造はソーヨ氏の周旋《しゅうせん》で「ヘールスタイン」という日本雑貨店に住み込みで働くところとなったのでした。

こうして瞬く間に1年が過ぎ去り、松造は涙と共に日本人の象徴でもある「丁髷《ちょんまげ》」に別れを告げ、着物も「洋服」に着替えるところとなったのでした。

そうした外見上の変化と同時に、松造は、いよいよ「日本人」ともお別れなのか、と些《いささ》かの寂しさを禁じえなかったところであります。

厳しい日々を乗り越えて

こうして松造はヘールスタインに2年余り勤め、言葉をはじめ、食事や慣習にも慣れてきたところで、再びソーヨ氏の計らいで、夫人の実家が経営するペンシルバニア州・ミーデベル市にあるビール樽製造所で3年間働くところとなったのであります。

しかしミーデベル市は、冬期には雪が1メートル以上も積もる寒冷地であり、暗いうちに起床し、独りで各室のストーブに火をつけてから家の掃除に始まり、夜はその日の後片付けと、多忙を極め、松造はその日のうちに就寝することはありませんでした。

一方、ここでの生活に慣れた頃合いを図って半年間、ソーヨ氏の計らいで、午前中は市内の小学校に通うところとなり、教室で勉強するチャンスを得たのでした。

成績は優秀、先生からはしばしば「松造を見習え」と言われるほどの模範生でしたが、考えてみれば松造は青年、他の子供は遊び盛りの12、13歳ですから当然のこと、松造は全く意に介しませんでした。

仕事の合間にも勉強は怠ることなく、1日の膨大な仕事を終えて、やっと、床《とこ》に横たわった時、しばしば松造の脳裡には、太平洋の彼方に生きる両親は今なお自分がこのアメリカに生きていることを知らないだろう、さらに翻《ひるがえ》って思うに、「駿府の両親は健在だろうか」と望郷の思いと共に切なさが松造の胸中をよぎり、無意識に「男児、志を立てて郷関を出づ」の漢詩が脳裏に浮かび、独り静かにこれを吟じながら、眠りに入るのでした。

さて、元治元年（1864）になって、ソーヨ氏から、今度はサンフランシスコより40マイル離れた「ナッパ」という寒村に行くようにとの指令を受けました。

そこは何と4800アール（14万5千坪）の敷地にたった一軒家、隣家とは実に2キロも離れている土地で、そこを一人で管理することになったのでした。

四方は山に囲まれ、その耕地の中には5千坪の果樹園があり、林檎《りんご》、梨、葡萄《ぶどう》が植えられ、例えば葡萄だけでも3千本、収穫時には2人の臨時雇いが手伝いに来るのでした。

その他の敷地は付近の人に貸し、松造は牛2頭、馬2頭、豚3匹、鶏10羽、犬1匹と一緒に一軒家に寝起きする毎日でした。

松造の日々は朝早くから家畜の世話とともに、終日、果実等の手入れと、折々に搾乳した牛乳からバターやチーズも手作りするなど、その生活は多忙を極め、しかも日々の夕餉《ゆうげ》は自分で料理した侘《わび》しい食卓で、犬と会話しながら、心を癒やす毎日でした。

もちろん、バターやチーズの作り方なども実地で習得、その経験が帰国後の広範な場面で大きな役割を果たすところとなったのであります。

そんな大自然の中にポツンと置かれた松造にとっては、定期に見回りに来るソーヨ氏こそ、まさに久方ぶりに見る人間の顔であって、それだけで松造の心は慰められたのでした。

逆に、そんな生活の中でも最も嫌った季節は言うまでもなく「冬」でした。

何といっても、日本の中で最も温暖の地・駿府に生まれ育った松造であれば、ここナッパの冬の厳しさは比べようもないものでした。

しかし、これも自分自身が選択した人生行路であれば、独り、歯を食いしばって一日、一日を過ごしてきたのでした。

この頃の自身の様子を、それから半世紀を経過した大正8年の自分自身の金婚式での挨捗の中で、次のように表現しております。

……寂寞《せきばく》とした無人の広野に、梢《こずえ》を敲《たた》く風音、殊に夜半はひたすら「隠忍の時」であって、「春」の到来こそこの上なく待ち遠しいひと時でした……

しかし、振り返ってみれば、命を懸けての密航以来、大自然の驚異の中にあっても、一度として病気や怪我に見舞われることなく、健康のまま7年の歳月が過ぎようとするその時、あたかも降って湧いたように、松造の運命を一変させる吉報がソーヨ氏からもたらされたのでした。

幕府の通訳に抜擢

それは、日本より福沢諭吉・小野友五郎の両氏を代表とする遣外使節団が近々訪米するところとなり、その際の通訳を松造にと白羽の矢が立った、という知らせでした。

実は幕末の志士の間では、出島松造の存在は既に知れ渡っていて、当然のように通訳として松造に白羽の矢が立っていたのであります。

この夢想だにしない大仕事を、松造はソーヨ氏の勧めもあり、引き受けたのでした。

遣外使節団一行が米国に到着すると同時に、松造は通訳として多忙を極めるところとなりましたが、この時、気付いたのは、長い間、ご無沙汰していた日本語がスムーズに言葉にならず、予想外の苦戦を強いられたことでした。

ですが、時間と共に松造の日本語も元気に復活し、その重責を存分に果たすことができたのであります。

その折、福沢諭吉は維新に際し、孤軍奮闘した日々のことを松造に話す過程でしばしば、「今の日本には流暢に英会話ができる人間が必要だ」と言い、「何としてもこの際、君には、我々、使節団と一緒に帰国して日本のために働いて欲しい」と再三にわたって、松造に懇請するのでした。

しかし日本は未だ「渡航禁止令」が廃されておらず、さらにソーヨ氏はじめ松造に関わる多くの縁者も同様に心配し、帰国には真っ向反対したのでした。

こうして福沢諭吉とは近い将来の帰国を約束して、一緒に帰国することは諦めたのでした。

しかし、福沢諭吉が殊の外、驚いたのは、駿府にいる松造の両親が今なお「息子がアメリカで元気一杯、活躍している事実」を知らないことでした。

帰国した諭吉は即刻、駿府の松造の両親宛てに「ご子息・松造氏は今、アメリカで活躍し、この度の遣外使節団一行にとっては、ご子息の流暢な英会話に助けられ、お蔭をもって使節団は当初の目的を存分に果たすことができました」との丁寧にして感謝の心溢れる手紙を送ったのでした。

何事かと配達された分厚い封書の裏面に目をやった竹斎（明雅）は、墨痕《ぼっこん》鮮《あざ》やかに書かれた「福沢諭吉」の署名を目にし、飛び上がらんばかりに驚きました。震える手で、ようやく封を切れば、何と数年前、忽然と家族の前から消え、その後の必死の捜索もむなしく時は経過し、仕方なく数年前に、亡きものと諦め、野辺送りしたその張本人・松造が、夢にも考えなかったあのアメリカで元気に過ごし、あまつさえ、「日米の懸け橋」の通訳となって活躍していたことを知り、わが子ゆえに、ただただ、驚愕するばかりでした。

しかし、この時の父・明雅の考え方と取った行動が、結果として「出島松造」の名前を郷土史に特筆されぬまま、今日に至ってしまった理由でもあります。松造の活躍を天下の福沢諭吉から知ったにも拘わらず、父・明雅は、「国法を破り、アメリカに遁走《とんそう》した行為」は、法治国家としては許されない不名誉な行為として、この事実を近隣の人々や親戚縁者にも一切、黙秘し続けたのであります。このために「明治維新をリードした男・出島松造」の名前は遂に静岡市民はもとより小鹿地区の人々すら知ることもなく、今日に至ってしまったのであります。

その後、松造からは父・明雅に、自らの親不孝を詫びるとともにアメリカで元気で活躍していることを知らせても、父からは一切の返事はなかったとのことであります。

帰国した後、松造が母より聞いた話では、父は「既に死んだものと思って仏壇に祀《まつ》っていた」そうで、届いた手紙も法に触れるのではないかと、封を切る事すら恐れていたとの事でした。

一方、松造は福沢諭吉ら遣外使節団一行が帰国して間もなく、ソーヨ氏の計らいで、同地に「松造商店」という名の日本雑貨店を開き、事業は順調に業績を伸ばし、2年足らずに5人もの従業員を雇う程に繁昌していったのでした。

帰国、懐かしの祖国

出島松造がアメリカに密入国して8年目を迎えた明治元年（1868）、日本では徳川幕府が終焉し、明治新政府が誕生。それに先駆けること2年前に、松造の帰国を拘束してきた「渡航禁止令」も解除されたのであります。

一方、在米の松造の故国《ふるさと》への思いが、いよいよ高まる中、意を決して日本への帰国を決断、帰国目的を「雑貨の仕入れ」ということで、ソーヨ氏らに相談したところ誰一人反対する者もなく、快く送ってくれるところとなったのであります。

明治元年5月、松造は、遂に懐かしき日本にむかってサンフランシスコの港を背に、船上の人となったのでした。

大手を振って帰ることのできるこの日、9年前の出来事が走馬灯のように脳裏に蘇《よみがえ》ってくるのでした。しかし、それは間違いもなく「正夢」なのです。

思えば草鞋《わらじ》履きの貧しい姿で米国帆船・ダイノウエブスタル号に潜り込んだその日をスタートに、限りなく続いた苦難のアメリカでの日々は、まさに走馬灯のように松造の脳裏をめぐるのでした。

この日の松造の服装は、洋服にハイカラー、胸には大きなリボンネクタイ、革の靴に中折れ帽子と、出発時の情けない姿とは打って変わったジェントルマンの姿でした。

しかし、打って変わったのは松造の服装より、間もなく彼が目の前にする横浜の変貌ぶりでした。

10年足らずの歳月の間に、横浜は「世界の横浜」と化し、外国人を交えた多くの人々が新しい町並みを闊歩している。そして何より、往来する人々の顔には外国人への諂《へつら》いや怯《おび》えが皆無だったことに、松造は驚くとともに、喜んだのでした。

帰国して1年ほどは、ソーヨ氏から依頼された日本雑貨の輸送をはじめ、貿易商からの通訳、或いは英文の代筆などに忙しい毎日を過ごしておりました。

その一方、28歳を迎えてもなお独り身だった松造の身を案じ、明治2年、仲立ちしてくれる方もあり、松造より10歳も若い埼玉県の小池惣八郎氏（医者）の長女・房子を娶《めと》るところとなり、新たな家庭を横浜に築いたのでした。

ソーヨ氏からはその後も再三にわたって「家族ごと渡米しては如何」と訪米を促《うなが》す手紙が来ておりましたが、今再び日本を出るに忍びず、一日、一日とソーヨ氏への返事を先延ばし、心ならずも旧主の好意に従うことができぬままの日々を送ってしまいました。

伊藤博文らと再び渡米

明治3年（1870）11月、時の大蔵少輔・伊藤博文が貨幣制度視察のため、米国へ派遣されることになり、今度は「官命」によって出島松造が通訳として随行することになりました。

時に伊藤博文は松造と一つ違いの30歳、これに通訳としては当時、日本を代表する福地源一郎（号は桜痴《おうち》）、さらに財界の錚々《そうそう》たるメンバー総計20人をもって構成する我が国最初の「海外商業視察」でした。

サンフランシスコに到着後、一行中7人で構成された伊藤を中心とする一団は暫《しばら》くの間ワシントンＤＣに留まり、他の13人は直接ニューヨークに赴《おもむ》き、彼らはここで羽織袴《はおりはかま》姿で元日を祝い、その後、視察団一行はボストンに赴き、2月下旬になって、米国を発ち、3月中旬に横浜港に帰国したのでした。

この視察団の一員であった福地源一郎は当代第一の能文家《のうぶんか》と言われ、翻訳もこなし、机上においては何ら言葉に不自由のない学者でしたが、もとより、海外経験のない彼にとっては四六時中の英会話は初めてのこと、それ故、しばしば彼の英語は相手方に通じず、そうした折には、仕方なく松造が間に立って通訳すること、度々でした。これを見て伊藤は笑いながら「通訳に通訳が必要とは面白い」と冗談めかして言ったこともありました。

こうしていつしか松造の存在は、政界はもとより、官界にあっても大きな信頼をもたらしていったのでした。

陛下にアイスクリームを献上

帰朝後の明治4年5月、既に官界では「流暢に英語をこなすと同時に、幅広い見識を持つ男」として松造の名は知られ、その結果、一先《ひとまず》は「神奈川県牧畜掛」に6カ月勤務、その後、鉄道省からの要請で東京、横浜間の鉄道敷設のために英国から迎えた技術者の通弁として半年と、各種の行政機関からの出番が引っ切り無しに求められるところとなったのであります。

さらに旧知の伊藤博文からの要請で、「開拓使御用掛」として北海道に渡ったものの、間もなく外国農教師の付添役として東京の青山試験場地内の官舎に住所を移しました。そこで、たまたま、天皇陛下がこの試験場に行幸されることになり、その説明員として控えていた松造は、開拓使・黒田清隆長官の指示のもと、その場で陛下に「アイスクリーム」を作って差し上げたのであります。

もとより陛下には見るのも初めてのアイスクリームであれば、その"美味にして奇異"な食べ物に驚くとともに大変喜ばれたと伝えられております。

ところで、明治2年5月9日、横浜の馬車通で町田房蔵が「あいすくりん」の名で氷菓子を売り出しましたが、これが日本で売られた最初のアイスクリーム、その町田に製造方法を教えたのも出島松造であったことは日本経済新聞（昭和62年4月20日）にも掲載されているところです。

明治9年には札幌に転勤、政府から第1回内国博覧会の事務取扱（事務長）を命じられ、在米時代の経験をもって、北海道の海産物である鮭、カニ、牛、豚などの缶詰及び燻製《くんせい》品を製作しましたが、それぞれが大変な好評を博したところでありました。

ところで、その頃の出島松造の給与について敢えてここに記載すれば、月給は１００円でありました。ちなみにその時代の報酬と物価について、手元にある僅かな資料を参考とすれば、米1升が7銭、それに対して軍人の給与は将校で22円、二等兵は1円27銭、このことからもいかに松造の報酬が桁違いに高額であったかは明らかです。

さらに、翌年には、内国博覧会の出品委員に選ばれるや、報酬は１２０円と跳ね上がったのでした。このことをもってしてもいかに松造が発展途上の我が国において重要な役割を担っていたか、察するに余りあるところでしょう。

クラーク博士との出会い

閑話休題《それはさておき》、明治9年といえば、かの有名なウィリアム・スミス・クラーク博士が札幌農学校（後の北海道帝国大）に赴任した年であり、出島松造も時同じく札幌に勤務、「英語」という理解しあえる共通の言語からも、二人は懇意の間柄であったことは明らかでしょう。

マサチューセッツ農科大学の初代教頭であったクラーク博士が、在日8カ月余で札幌農学校を去るに当たって、馬上より、学生たちに向かって「ボーイズ・ビー・アンビシャス・ライク・ジス・オールドマン」と叫んだその言葉を「少年よ、大志を抱け」と名訳したのは、この時、英語に精通し、常にクラーク博士の傍《かたわ》らにいた松造の訳ではないかと私の友人は指摘していますが、言われてみれば私も「さもありなん」と、付和雷同しているところであります。

明治12年、松造は北海道開発のための官庁「開拓使」において事業の主要な柱である「缶詰製造」の実質上の技術指導者（彼は在米中、缶詰製造についても学ぶ）としてその先頭に立ち、さらには製造法のテキストなども認《したた》めております。

しかし、この頃から、松造はほとんど構《かま》ってこなかった家庭と子供たちの教育に思いやり、突然、明治15年になって、一切の公職に終止符《ピリオド》を打ち、帰京したのでありました。

間もなく松造は渋谷の宮益坂に1万5千坪という広大な大名屋敷《だいみょうやしき》を購入、ここに新たな生活基盤と余生を楽しむ計画を立てたのでした。

広大な敷地には池が3つあり、冬ともなれば鴨が飛来するので、松造は在米当時を懐かしみ、独り狩猟を楽しんでおりました。

また庭にはしばしば、狐が徘徊、夜分になると子供たちは「狐の嫁入り」などと言って大騒ぎしておりました。

ところが人の一生はまさに「一寸先は闇」の譬《たと》え通り、誠心誠意生きてきた松造にも思わざる悪魔の手が忍び寄っていたのであります。

明治18年、悠々自適の日々を過ごしていた出島松造に思いもしなかった悪夢が立ちはだかったのでした。

生来、疑うことを知らぬ松造は、頼まれて知人の事業の保証をしたことから、この広大な屋敷を人手に渡す羽目に陥ったのであります。

それは順風満帆の松造にとって人生最大の不覚と言えるものでありました。

その後、家族は四谷から横浜の太田、さらには外人墓地のある中村町に移っていきました。

園芸商社の設立に参画

ところがここでも運命の悪戯《いたずら》というべきか、自宅に隣接して、海外貿易を営む「横浜植木商会」がありました。

社主である鈴木卯兵衛氏は、主に鉄砲百合の球根を九州・沖縄から買い集め、これを横浜在住の外国貿易商に販売していたのでした。

その頃、鉄砲百合の球根はアメリカでは「復活祭《イースター》」に欠くことのできない農産物であったことから、球根は高値で取引され、在日貿易商もかなりの利益を得ていることを知っていた松造は、隣家の誼《よしみ》で、社長の鈴木卯兵衛氏に「米国商社との直接取引」を提案したところ、氏は大いに喜び、松造にも是非、協力してくれるよう要請したのであります。

もとより人のいい松造は直ちに在米の恩人であるソーヨ氏に、前後の事情を説明するとともに事業への協力を頼み、さらには取引先等についても調査を依頼。その後、ソーヨ氏と共同で「横浜植木商会米国出張所」を設立したのでした。

ところがこの植木商会は世にいう「典型的同族会社」、それ故、よそ者の松造は必然的に敬遠され、折に松造の意向も無視されるところとなり、その結果、わずか1年余りで植木商会からの退社を余儀なくされるところとなったのであります。

その後も、松造は頼まれてある外国商館に通訳として働いていましたが、明治33年になって、再度、植木商会よりたっての傭聘《ようへい》もあり、断ることを知らない松造は、この時も協力するのでした。

なお、この植木商会は現在も「横浜植木株式会社」として存続し、さらには有名な「ワシントンの桜」は静岡市の興津の園芸試験場で管理、植生させた桜の幼木をこの植木商会が中心となって米国に贈ったのであります。

このことについては静岡市出身で現在、米国・ワシントンに住む海野優《ゆたか》氏が出版した「ポトマックの桜物語」にその詳細な経緯が記載されております。

波乱の生涯を閉じる

さて、その後の松造の人生は、波風の立つこともなく、静かな環境の中で長男家族と一緒に、和気藹々《わきあいあい》、何不足なく、余生を楽しんでいたのでありますが、あろうことか、大正12年9月1日、世にいう関東大震災に遭遇、不幸にして長男・竹治（47歳）と孫の千代子（6歳）は倒壊した隣家の瓦礫の下敷きとなって圧死するところとなったのであります。

それは松造老人にとって、波瀾に富んだ人生の中でも、初めて味わった塗炭の苦しみでもありました。

こうして波瀾万丈の人生を生きた出島松造は昭和3年4月5日、数奇の85年の人生に幕を下ろしたのであります。

以上、紹介しましたように、およそ180年前、静岡市の小鹿《おしか》に誕生し、徒手空拳のまま、アメリカに密航、そこで得た知識と経験を帰国後、「明治維新」という激動期に誠心誠意、新生日本の誕生に全力を傾注した「出島松造翁」の足跡を顕彰するとともに、静岡市民の脳裏に刻んで戴きたくここに蕪辞《ぶじ》を連ねたところであります。

出島松造《でじままつぞう》
ボーイズビーアンビシャスを体現した男
作画　たたらなおき

駿府《すんぷ》(静岡《しずおか》)に生《せい》を受《う》けた若者《わかもの》が
湧《わ》きあがる熱情《ねつじょう》を持《も》て余《あま》し
一人もがいていた。

久能山東照宮
ホイサ
ホイサ

ホイサ
ホイサ
ハッハッ
ハッハッ
あと少し
ワオ〜!!
ハッ
ハッ
この海の向こう《む》に
アメリカっていう
でっけえ国があるんだ!

おらもこの目で異国《いこく》を見てみたい
出島《でじま》松造《まつぞう》18歳
この足で新天地《しんてんち》をふみしめてみたい

必《かなら》ずこの海《うみ》を渡《わた》ってやる!

男児《だんじ》 志《こころざし》を立てて郷関《きょうかん》を出《い》づ!

幕末《ばくまつ》の志士《しし》たちが愛唱《あいしょう》した詩《うた》。

意味・・・男子が志《こころざし》を立てて故郷《こきょう》を出るからには目的《もくてき》が叶《かな》うまで故郷《こきょう》には帰らない。

時《とき》あたかも江戸《えど》時代《じだい》末期《まっき》、アメリカからペリー艦隊《かんたい》が来航《らいこう》し日本《にほん》は開国《かいこく》したばかりであった。

世界《せかい》に目《め》が開《ひら》いた若者《わかもの》の熱情《ねつじょう》は燃《も》え上《あ》がるばかりであった。

松造《まつぞう》ー
松造《まつぞう》ーっ
松造はどこ行っただよ？
もう一週間《いっしゅうかん》も姿《すがた》を見せてねえだよ
そういえばあいつこんなこと言ってたっけ
おら横浜《よこはま》へ行くんだ 横浜《よこはま》にゃチャンスがいっぱい転《ころ》がってるんだ
なんてこと！
もういい！
トンッ
勝手《かって》なことするやつはほおっとけ！
あんた・・・・
もうあいつは出島家《でじまけ》の者《もの》でも何《なん》でもない
二度《にど》とわが家《や》のしきいをまたがせるな！

ハッ
ハッ
タッ
タッ
母《かあ》ちゃん
父《とう》ちゃん
タッ
タッ
こうするより
ほかないんだ
すまねえ
……
タッ
タッ
おらのわがままで
出島家《でじまけ》に迷惑《めいわく》
かけちゃならん
おらはもう
出島家《でじまけ》姓《せい》はいらん
きょうからただの
松造《まつぞう》だ
タッ
タッ

着《つ》いた
横浜《よこはま》！
ワオッ
異国船《いこくせん》が
いっぱいだ
駿府《すんぷ》とは
比《くら》べものに
ならんくらい
にぎやか
だなあ
異人《いじん》さんも
いっぱいいいる
松造《まつぞう》は縁《えん》あって「和田半《わだはん》」という
雑貨商《ざっかしょう》に世話《せわ》になることになった。
お使《つか》いに
行《い》って参《まい》り
まーす！
率先《そっせん》して働《はたら》いた。

ただいま けーりやした
おお松造《まつぞう》 アメリカ彦蔵様《ひこぞうさま》に お茶《ちゃ》をお出《だ》し
へい！
へ？ アメリカ・・・・ヒコ？
もしや あの有名《ゆうめい》な・・・・ アメリカ帰《がえ》りの・・・・
おお 若《わか》いの 一杯《いっぱい》たのむわ
彦蔵様《ひこぞうさま》！ お聞《き》かせください 異国《いこく》のこと アメリカのこと！
お、おうよ かまわんよ
わしゃ播磨《はりま》の漁師《りょうし》だったが 遭難《そうなん》したところを アメリカ船《せん》に助《たす》けられてな そのままアメリカに 渡《わた》ることになった
さんざん苦労《くろう》したが 必死《ひっし》でことばをおぼえて 馬車馬《ばしゃうま》のように働《はたら》いて
あっという間《ま》の20年《ねん》を過《す》ごし 日本《にほん》に帰《かえ》ってきたってわけだ

アメリカってとこは 文明《ぶんめい》の進《すす》んだとこだ 建物《たてもの》がでっかくて 食《た》べ物《もの》が豊《ゆた》かで 工業製品《こうぎょうせいひん》が あふれている
そして何《なに》よりも アメリカ人は自由《じゆう》だ どんな仕事《しごと》をするか どこに住《す》むか だれと結婚《けっこん》するか しばられるこたあない 国のリーダーだって選挙《せんきょ》ってのをして みんなで選《えら》ぶんだ
私《わたし》もアメリカへ 行きたいです！
あのなあ 渡航禁止令《とこうきんしれい》ってのを 知《し》ってるかい 日本人《にほんじん》の出国《しゅっこく》は 重罪《じゅうざい》だぜ
わしの場合《ばあい》は 特別《とくべつ》よ
日本もいつか 自由《じゆう》な国に なるぜよ
その日を 楽《たの》しみに 待《ま》つんだな
アメリカ…… 今すぐにでも 行きたい
アメリカ…… 必《かなら》ず行ってやる
男児《だんじ》 志《こころざし》を立てて 郷関《きょうかん》を出《い》づ！
松造《まつぞう》のアメリカへの思《おも》いは もはや抑《おさ》えることが できなくなっていた

和田半《わだはん》にはソーヨというアメリカ人貿易商《じんぼうえきしょう》が出入《でい》りしていた。
ウェルカム ミスターソーヨ
ピタッ
松造《まつぞう》 またまとわりついてやがる ジャマするな!
ドントウォーリー マツゾー 何《なに》か用《よう》かい?
アイ ウォントゥ ゴートゥー アメリカ
アイワナゴートゥーアメリカ!!
what?
mmm・・・・ なんて無謀《むぼう》な若者《わかもの》なんだ
ポン
カランッ
?
バッ
お頼《たの》み申《もう》す! おらは家族《かぞく》も故郷《こきょう》も捨《す》てて横浜《よこはま》へやって参《まい》りました

それもこれもアメリカに渡《わた》るという夢《ゆめ》をかなえるためであります！
ソーヨ様《さま》何《なに》とぞ何《なに》とぞ私《わたし》をアメリカへ！
……
なんとまっすぐな瞳《ひとみ》、ほとばしる情熱《じょうねつ》・・・・
アメリカのフロンティア精神《せいしん》に通《つう》じる・・・・
You should learn more English conversation
ことばが通《つう》じなければ話《はなし》になりません私《わたし》のところで住《す》みこみで働《はたら》きながら勉強《べんきょう》しなさい
そして渡米《とべい》のチャンスを待《ま》ちなさい
ほ、本当《ほんとう》ですかありがとうございます！
和田半《わだはん》の了承《りょうしょう》を得《え》て翌日《よくじつ》からソーヨ氏《し》のもとで奉公《ほうこう》することになった。

それから10か月後《げつご》
ソーヨ氏《し》が帰国《きこく》することが決定《けってい》した。
松造《まつぞう》はひそかに
ソーヨ氏《し》に付《つ》きそって
帆船《はんせん》に忍《しの》びこむことに。
マッゾー
ばれないように
頭《あたま》を下《さ》げて
アイアイサー
オー！
ジャパニーズ
ゲラウト！
やば、
みっかった
よろしく頼《たの》むよ
ブラザー
$
バサッ
O.K.
ノープロブレム
ホッ

日本人はだめですぞ
今度《こんど》は幕府《ばくふ》の役人《やくにん》だ
ムムあやしい
顔を見せなさい
ガタガタ
おや雨だ
ポツ
ポツ
ポツ
ポツ
夕立《ゆうだ》ちか
ひどくなってきやがった
ザー
ザー
ザー
ザー
ヘイメーン
カモーン！
あそこで雨宿《あまやど》りだ
マツゾー急《いそ》いで
チャンス到来《とうらい》！
神《かみ》のご加護《かご》だ恵《めぐ》みの雨に助《たす》けられたな
はあ
はあ
心臓《しんぞう》が止まりそう・・

ここがアメリカに
着《つ》くまでのすみかだ
しばらくがまんしなさい
サンキュー
ソーヨさん
これだけ
広《ひろ》けりゃ
へっちゃらだい
万延元年《まんえんがんねん》（1860年）12月18日
松造《まつぞう》を乗《の》せたダイノウエブスタル号《ごう》は
アメリカに向《む》けて横浜港《よこはまこう》を後《あと》にした。
明治維新《めいじいしん》まであと8年、
江戸幕府《えどばくふ》の禁《きん》を犯《おか》しての出国《しゅっこく》であった。
父《とう》ちゃん母《かあ》ちゃん
おらのわがまま
許《ゆる》してくれ
男児《だんじ》志《こころざし》を立てて
郷関《きょうかん》を出《い》づ！
ユーラ
しばらく船に
ゆられていたら……

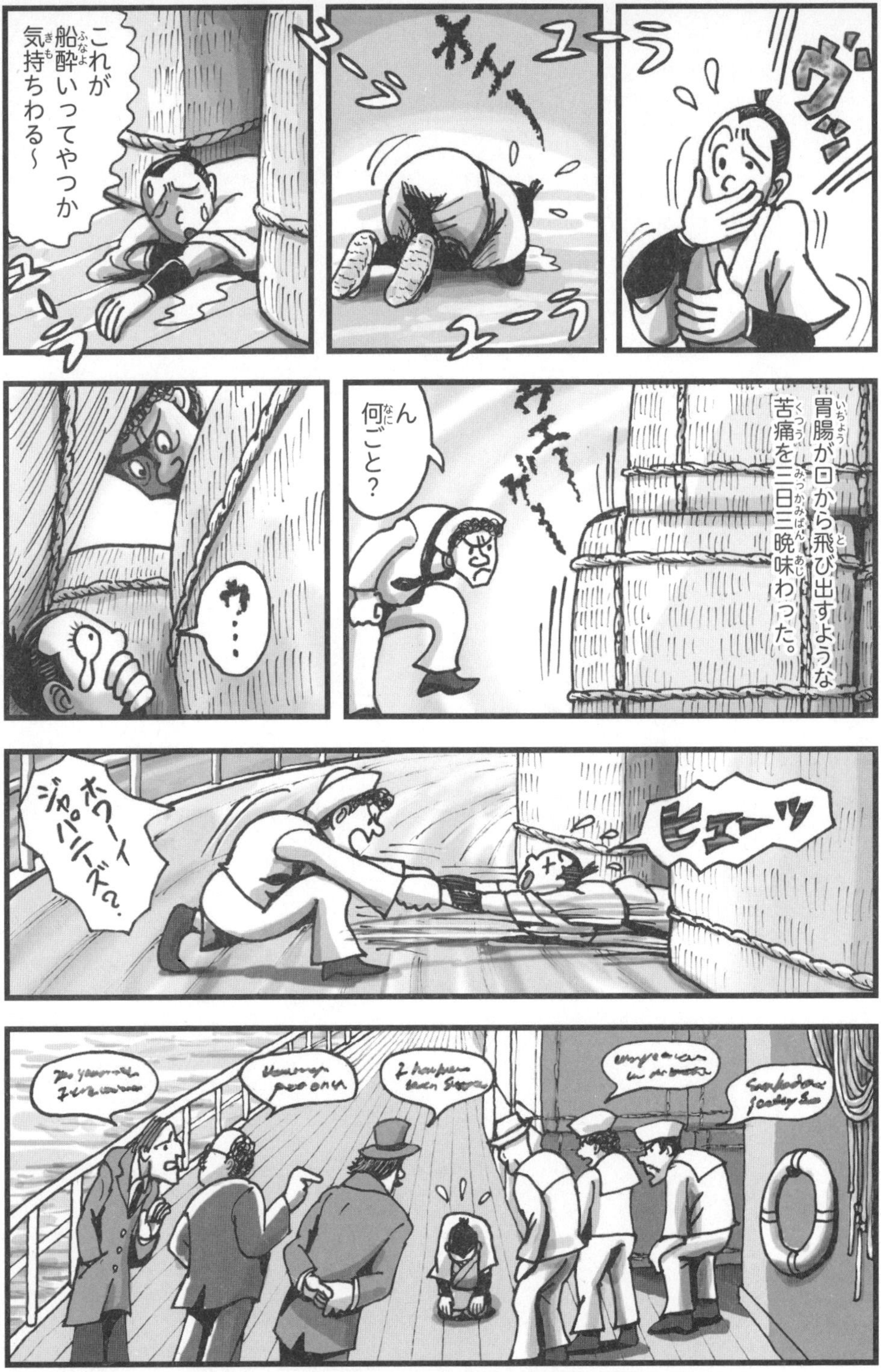
ヴ
ユーラ
ユーラ
これが船酔《ふなよ》いってやつか気持《きも》ちわる〜
胃腸《いちょう》が口から飛《と》び出すような苦痛《くつう》を三日三晩《みっかみばん》味《あじ》わった。
ん何《なに》ごと？
ウ…
ヒューッ
ホワーイジャパニーズ？

船長《せんちょう》 密航者《みっこうしゃ》です
法《ほう》を 犯《おか》すものは 許《ゆる》せん すぐさま 日本へ 連《つ》れもどせ
とんだ お荷物《にもつ》だぜ
船長《せんちょう》 お待《ま》ち下《くだ》さい もう出航《しゅっこう》して4日目 今から往復《おうふく》するのは 大儀《たいぎ》なことです
ソーヨさん
彼《かれ》は荷物運《にもつはこ》びの 人夫《にんぷ》だ 手間取《てまど》っているうちに 降《お》りそびれたに ちがいない
彼《かれ》のことは私《わたし》が 責任《せきにん》を持《も》ちます
アメリカでの 面倒《めんどう》も おまかせを このまま何ごとも なかったことにして 出航《しゅっこう》しましょう
ミスター わかったよ
ただし おまえは 船底《ふなぞこ》で おとなしく していろ!
ポンッ
ソーヨさん ありがと
さあ しんぼう しんぼう
スリスリ

順風満帆《じゅんぷうまんぱん》とはいえない
船旅《ふなたび》であったが
ダイノウエブスタル号《ごう》は
着実《ちゃくじつ》に進《すす》んでいった。
出航《しゅっこう》から27日目
万延《まんえん》2年《ねん》（1861年）
1月13日
アメリカ西部《せいぶ》の
サンフランシスコ港《こう》に
到着《とうちゃく》したのだ。
WOW!
これが
アメリカ！
あの吉田松陰《よしだしょういん》は
ペリー艦隊《かんたい》への密航《みっこう》を試《こころ》みたが
失敗《しっぱい》し投獄《とうごく》された。
数々《かずかず》の幕末《ばくまつ》の志士《しし》たちが
挫折《ざせつ》したアメリカへの
密航《みっこう》・・・・

それを今《いま》ひとりの名《な》もない若者《わかもの》が
成《な》し遂《と》げたのだ。
日本人《にほんじん》として初《はじ》めて！
やった！
やったぞ！
降《お》りたったところは
同《おな》じ地球《ちきゅう》とは思《おも》えない別世界《べっせかい》だった。
BRENNER
なんじゃありゃ
怪物《かいぶつ》じゃや！
巨人《きょじん》ばっかり
赤い顔……
青い目……
ここは
鬼ケ島《おにがしま》か
おらは
桃太郎《ももたろう》か
あいや
犬か
サルか
キジか
……

ずいぶんこぎたない生《い》き物《もの》だなあ
かわった服《ふく》ねえ
この棒《ぼう》はいったい何だ?
チクショー完全《かんぜん》にバカにされてる
日本男児《にほんだんじ》をなめんじゃねえ!
てい!
見せモンじゃねえぞ!
でもやっぱり郷《ごう》に入《い》っては郷《ごう》に従《したが》え
うん、洋服《ようふく》も悪《わる》くないねえ
さらばチョンマゲ
もはやおらはアメリカ人だ!
何でも見てやる!
何でも吸収《きゅうしゅう》してやる!
何でもやってやる!

ソーヨ氏《し》のあっせんで日本雑貨店《にほんざっかてん》で働《はたら》くことになり、
江戸
御用
オー ワンダフル ウキヨエ
持《も》ち前《まえ》のバイタリティですぐに仕事《しごと》をおぼえアメリカの生活《せいかつ》になじんでいった。
次《つぎ》に働《はたら》いたのがビール樽製造工場《たるせいぞうこうじょう》。
だれよりも早《はや》く出勤《しゅっきん》し一番《いちばん》おそくまで働《はたら》く毎日《まいにち》。
昼《ひる》は地元《じもと》の小学校《しょうがっこう》に通学《つうがく》。
なるほど なるほど
そー なんだ
初等教育《しょとうきょういく》とはいえ初《はじ》めての欧米式教育《おうべいしききょういく》をむさぼるように吸収《きゅうしゅう》した。
みんな マツゾーを 見習《みなら》い なさい
ハーイ ハーイ
あいつ大人じゃん ここは小学校だよ

マツゾー　きみの働《はたら》きっぷりには感心《かんしん》した
今度《こんど》は一国一城《いっこくいちじょう》の主《あるじ》だ
ここをきみに任《まか》せる
なんて広《ひろ》いんだ!
あの山のふもとまですべてをきみが管理《かんり》するんだ
サンフランシスコの町《まち》はずれの広大《こうだい》な土地《とち》はりんご、なし、ぶどうの果樹園《かじゅえん》だった。
この土地《とち》を……
たったひとりで……

馬車馬《ばしゃうま》のごとく
やるっきゃない
暑《あつ》い夏《なつ》も寒《さむ》い冬《ふゆ》も
来る日も来る日もたった一人で
怠《おこた》ることなく働《はたら》いた。
友《とも》といえば家畜《かちく》だけ。
よう、
きょうも
快調だな
この間《かん》
バターやチーズなど
西洋風調理法《せいようふうちょうりほう》を
習得《しゅうとく》した。
ふ〜……
渡米《とべい》して何年《なんねん》に
なるだろう
そうか
あれからもう
7年か

父《とう》ちゃん 母《かあ》ちゃん……今《いま》ごろどうしてるかなあ……
おらがアメリカでこうして暮《く》らしているなんて……びっくりするだろうな
おーっと! 初心《しょしん》忘《わす》るべからず!
「男児《だんじ》志《こころざし》を立てて郷関《きょうかん》を出《い》づ」だ
トントン
ん? だれだこんな時間《じかん》に
ソーヨさん!
マツゾー久《ひさ》しぶり!
突然《とつぜん》来《き》てすまんな ここでの仕事《しごと》よくやってくれているなあ
いやはやなんとか
きみにビッグニュースを持《も》ってきたんだよ
?

日本《にほん》から幕府《ばくふ》の使節団《しせつだん》が
来《き》ていてね
通訳《つうやく》を探《さが》しているんだ
英語《えいご》が堪能《たんのう》な日本人《にほんじん》は
いないかってさ
マッゾー
私《わたし》はきみを
推薦《すいせん》したんだ
えっ
Let's try!
きみの能力《のうりょく》を
存分《ぞんぶん》に生《い》かしてくれ
頼《たの》むぞ
……幕府《ばくふ》の通訳《つうやく》
そんな大役《たいやく》
果《は》たせる
だろうか
松造《まつぞう》の不安《ふあん》は杞憂《きゆう》に終《お》わった。
みごとにこの大仕事《おおしごと》を
成《な》し遂《と》げたのだ。
ああ
久《ひさ》しぶりに日本語《にほんご》を使《つか》った……
うれしい……なつかしい……

出島君《でじまくん》 すばらしい 仕事《しごと》ぶりだったよ
幕府代表《ばくふだいひょう》 福沢諭吉《ふくざわゆきち》
どうやって 英語力《えいごりょく》を 身《み》につけ たんだい
こちらの生活《せいかつ》が 長《なが》いもので……
ん？ この鎖国《さこく》の 時代《じだい》に？
もしや密航《みっこう》？
そうか 志《こころざし》を立てて 海《うみ》を渡《わた》って きたんだな
出島君《でじまくん》 ぜひこれからも 我々《われわれ》の通訳《つうやく》として 働《はたら》いてくれんか
いっしょに日本に 帰《かえ》ろうじゃないか
……日本に……
帰《かえ》れるんですか！
ところで 渡航禁止令《とこうきんしれい》は もう解《と》けたん ですか？
帰国《きこく》しても おとがめなし ですか？
ああ そうだった 今帰《いまかえ》ったら 重罪《じゅうざい》になって しまう
く〜 残念《ざんねん》
出島君《でじまくん》 ご両親《りょうしん》はきみの近況《きんきょう》を 知《し》っているのかい？
いえ …… 何《なに》も告《つ》げずに ……
そうで あろうな
きみにはいつか 必《かなら》ず活躍《かつやく》して もらわなければならんよ 新《あたら》しい日本のためにね
福沢《ふくざわ》さん……

駿府《すんぷ》・松造《まつぞう》の実家《じっか》
なんだ そうぞうしい!
父《とう》ちゃん たいへんだ!
えらいもんが 届《とど》いたで
福沢諭吉《ふくざわゆきち》…… あの有名《ゆうめい》な お方《かた》から 何《なん》の知《し》らせだ?
あんた 何なの?
どした どした?
なんと! 松造《まつぞう》の ことが 書《か》いてある
アメリカで 活躍《かつやく》して るんだと!
えーっ 生《い》きとったん かい!
福沢《ふくざわ》さまに お世話《せわ》になって るんだなんて…… 信《しん》じられない

だまれ！
ガタガタ騒《さわ》ぐな！
松造《まつぞう》とはすでに縁切《えんぎ》りずみだ
出島家《でじまけ》とは関係《かんけい》ねえ
もうこの世《よ》にはいねえってことになってんだ
あんた……
福沢様《ふくざわさま》……
かたじけない……
時代《じだい》は大きな転換期《てんかんき》を迎《むか》えていた。二百六十余年《よねん》続《つづ》いた江戸幕府《えどばくふ》がついに倒《たお》れたのだ。
弘化 嘉永 安政 万延 文久 元治 慶応 明治
そして明治《めいじ》という新《あたら》しい時代《じだい》が始《はじ》まった。日本は世界《せかい》に開《ひら》かれた国《くに》になったのだ。

おお！渡航禁止令《とこうきんしれい》が解《と》かれたか
帰《かえ》れるのか
日本に
よし！
堂々《どうどう》と太平洋《たいへいよう》を渡《わた》ってやろう！
アメリカでの生活《せいかつ》をすべて清算《せいさん》して帰国《きこく》の途《と》についた。
思《おも》えば7年前《ねんまえ》船底《ふなぞこ》にネズミのように身《み》をひそめていたあの日々《ひび》
ことばも通《つう》じず侮蔑《ぶべつ》の視線《しせん》をあびたあの日々《ひび》
血《ち》の汗《あせ》を流《なが》して働《はたら》いたあの日々《ひび》
いつも心《こころ》の中《なか》で今日《きょう》のこの日を思《おも》い描《えが》いていた。
帰《かえ》ってきたぞニッポン！
わが祖国《そこく》
これからは新時代《しんじだい》のニッポンのために働《はたら》くぞ！

本来《ほんらい》なら重罪《じゅうざい》となるべき密航者松造《みっこうしゃまつぞう》を明治《めいじ》ニッポンは歓迎《かんげい》した。
アメリカ帰《がえ》りのマツゾーだ
あっちの暮《く》らしはどうだった?
うちの貿易商《ぼうえきしょう》で通訳《つうやく》してくれんか?
舶来《はくらい》のセビロかっこいいなあ
その語学力《ごがくりょく》とアメリカ仕込《じこ》みの知識《ちしき》と技術《ぎじゅつ》は引《ひ》く手数多《てあまた》であった。
さまざまな分野《ぶんや》で松造《まつぞう》の能力《のうりょく》が求《もと》められた。
政府要人《せいふようじん》・伊藤博文《いとうひろぶみ》のアメリカ視察団《しさつだん》に随行《ずいこう》。
出島《でじま》くんきみの生《い》きた英語《えいご》には感心《かんしん》したなあ
第一通訳人《だいいちつうやくにん》が本場《ほんば》アメリカ人の英語《えいご》に四苦八苦《しくはっく》してるところに・・・・
ペラペラ ペラペラ
きみが助《たす》け舟《ぶね》を出して
・・・ということで・・・・
通訳《つうやく》に通訳《つうやく》してる姿《すがた》はおかしかったなあ
だよね〜

いやはや恐縮《きょうしゅく》です
教科書《きょうかしょ》だけの知識《ちしき》じゃだめだってことだな
のちの初代《しょだい》内閣《ないかく》総理大臣《そうりだいじん》との交流《こうりゅう》であった。
日本初《にほんはつ》の鉄道敷設《てつどうふせつ》のために来日《らいにち》したイギリス人《じん》指導《しどう》技師《ぎし》の通訳《つうやく》。
明治《めいじ》5年に開業《かいぎょう》した新橋《しんばし》・横浜間《よこはまかん》の鉄道《てつどう》に松造《まつぞう》も少《すく》なからず寄与《きよ》した。
うわあでっけえ！
日本もずいぶん変《か》わったもんだ
青山農業試験所《あおやまのうぎょうしけんじょ》に勤務《きんむ》の際《さい》に明治天皇《めいじてんのう》がしばしば行幸《ぎょうこう》された。
アメリカ人が食《しょく》しているアイスクリームというものにございます
ほーこれがあいすくりんか
美味《びみ》だ
文明開化《ぶんめいかいか》の日本に松造がもたらしたものは幅広《はばひろ》かった。
さらに……

明治《めいじ》9年に北海道《ほっかいどう》へ赴任《ふにん》。
日本初《にほんはつ》の缶詰製造《かんづめせいぞう》に着手《ちゃくしゅ》。
開拓使石狩缶詰所《かいたくしいしかりかんづめしょ》
その時《とき》ともに働《はたら》いていたのがウィリアム・スミス・クラーク氏。
クラーク博士《はかせ》
札幌農学校《さっぽろのうがっこう》の初代教頭《しょだいきょうとう》で発展途上《はってんとじょう》の日本の学生《がくせい》たちに多大《ただい》な影響《えいきょう》を与《あた》えた人物《じんぶつ》。
クラーク博士像《はかせぞう》は札幌《さっぽろ》の観光名所《かんこうめいしょ》になっている。
BOYS BE AMBITIOUS
ミスター出島《でじま》私《わたし》の任期《にんき》はあとわずかだ
日本は発展途上《はってんとじょう》だが若者《わかもの》の熱情《ねつじょう》は本当《ほんとう》にすばらしい
あなたこそ彼《かれ》らのお手本《てほん》だ今後《こんご》の活躍《かつやく》も期待《きたい》してるよ
ドクタークラーク……

諸君《しょくん》 これからは きみたちの力で 開拓《かいたく》を 進《すす》めるのだ
最後《さいご》に このことばを 捧《ささ》げよう
Boys,《ボーイズ》 Beambitious!《ビー アンビシャス》
Good bye!
先生《せんせい》!
先生《せんせい》!
Boys Be ambitious ....
ボーイズ…… 少年《しょうねん》よ……
ビー アンビシャス…… 大志《たいし》を抱《いだ》け……
ムム!
ボーイズ…… 男児《だんじ》……
ビー アンビシャス ……志《こころざし》を立《た》てよ!

駿府《すんぷ》の片田舎《かたいなか》で夢《ゆめ》を描《えが》いていた名《な》もなき若者《わかもの》を
励《はげ》まし続《つづ》けたあの詩《うた》とおんなじだ
男児、志を立てて郷関を出づ!!
幕末《ばくまつ》に志《こころざし》を立《た》てて禁《きん》を破《やぶ》って海《うみ》を渡《わた》った男《おとこ》
艱難辛苦《かんなんしんく》を乗《の》りこえて新時代《しんじだい》の日本に足跡《そくせき》を残《のこ》した男《おとこ》
出島松造《でじままつぞう》――
「ボーイズビーアンビシャス」を体現《たいげん》した男《おとこ》である。

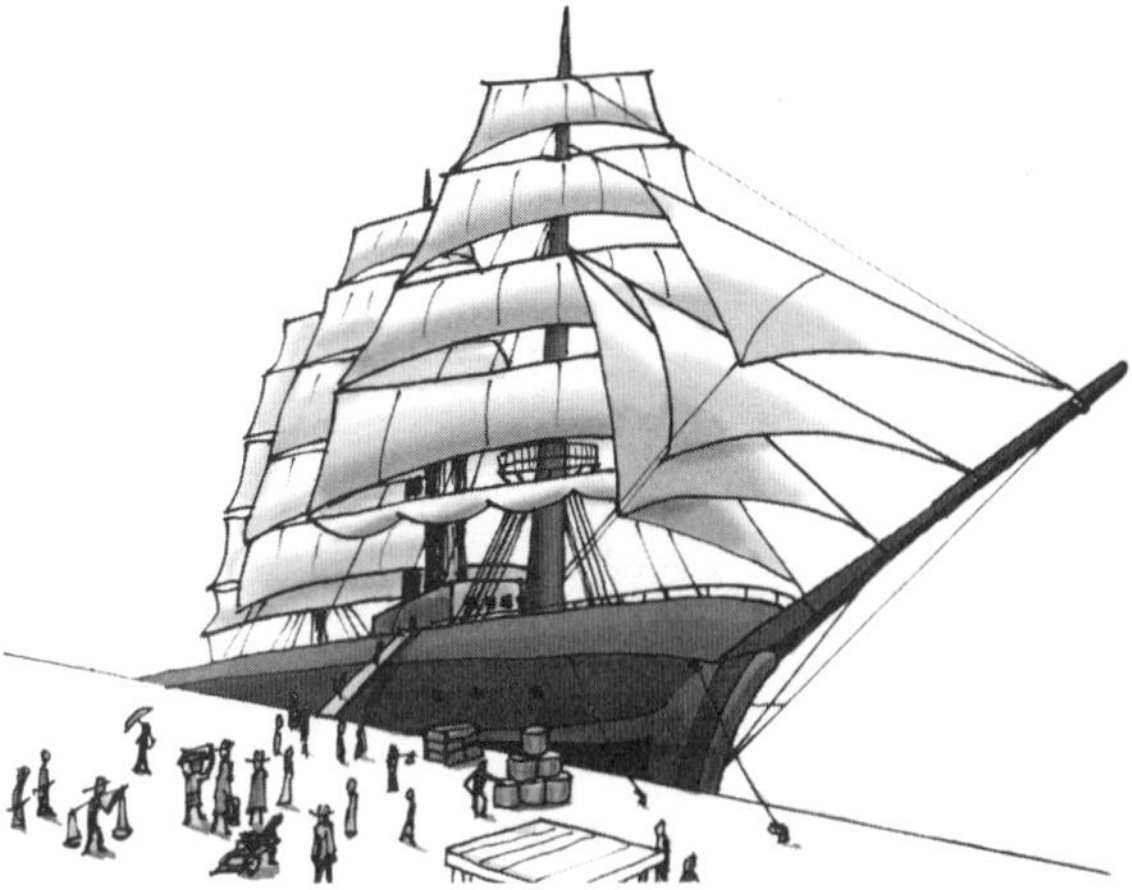

解説　出島松造の生きた時代

村上敏

開国をめぐって揺れた日本

異国船の出没に苦慮する江戸幕府

江戸時代、長らく諸外国との通交を避けてきた日本でしたが、1800年前後から日本近海に出没する西洋船が増えていました。北海道あたりでは松前藩を通じて、ロシア船出没の情報が入ります。カラフト、エトロフ島への侵入騒動（文化露寇事件、1806〜）が起こるや、幕府は「ロシア船打払い令」を出しています（1807）。

長崎港でもイギリス軍艦が湾内に侵入し、トラブルが発生。なすすべなくイギリス人闖《ちん》入者《にゅうしゃ》の要求に屈した責任をとって、長崎奉行が切腹するという結末に至っています（フェートン号事件、1808）。

文政7年（1824）には、イギリス捕鯨船が薩摩西南諸島の宝島に来航し、食糧等を要求する出来事（宝島事件）がありました。局地的ながら実際に外国人との武力衝突が起こって、死傷者が出た事件です。

幕府はこのような外国船の横暴を見過ごすわけにはゆかず、「無二念打払令」を発令（1825）。これは外国船を見かけたら、理由のいかんを問わず打ち払ってしまえ、という通達です。

このような御触れが出ていたので、天保8年（1837）にモリソン号というアメリカ商船が浦賀に現れたときも、法令どおりに砲撃を加えて、追い払ってしまいました。ところが、のちにモリソン号来航の目的が、日本人漂流民の送還であったことが明らかになります。高野長英や渡辺崋山といった蘭学者たちは、善意の異国船にまで砲撃をしたことに批判の声をあげました。これに対して、幕府は厳しい弾圧を加えます（蛮社の獄、1839）。独学で西洋砲術を会得した高島秋帆も牢獄に押し込められてしまいました。まっさきに高島秋帆から砲術を学び、蘭学者たちとも交流をもち、早くから海防に取り組んでいた韮山代官江川太郎左衛門も、左遷されて苦境に陥ります。

ですが、いつまでも依怙地な態度が通用するわけがありません。西欧からの圧力が高まる中、世界最強と思われていた中国（清）がアヘン戦争（1840～42）でイギリスに大惨敗したという情報は、幕府に大きな衝撃を与えました。幕府はそれまでの無二念打払の政策の見直しを迫られ、天保13年（1842）には、遭難した船に限り食料・薪水を提供することを認める「天保薪水給与令」が発令されました。

ちょうどそのころ、土佐の漁師・万次郎（後のジョン万次郎）が漂流の末に、アメリカの捕鯨船船長の好意により、彼の地で暮らし始めています（1843～）。その万次郎は、1851年に日本に帰国（沖縄→鹿児島→長崎→故郷の土佐）しますが、当時の日本はまだ鎖国政策下だったので当初は罪人扱いでした。

1853年、ペリー総督率いる四隻の軍艦が浦賀に姿を現すや、ジョン万次郎は幕府に召し出され、江川太郎左衛門の部下となっています。

久里浜に上陸し、大統領国書を手渡したペリーは、翌年、再来して返答を迫ります。ついに幕府は押し切られて「日米和親条約」を結ぶこととなり、函館と下田が開港されます。

出島松造が生まれた頃の日本を取り巻く状況は、このように騒然としたものでした。

ペリー上陸記念碑（横須賀市久里浜）

ついに開国、横浜港が開かれる

「日米和親条約」を受けて、1856年8月、アメリカ総領事ハリスが下田に着任。通訳にヒュースケンという青年がつき、玉泉寺を当面の総領事館としました。

ハリスは江戸に出府し、粘り強い通商交渉を続けます。しかし、幕府内での意見がまとまらず、いっこうに交渉は進みませんでした。業を煮やしたハリスは戦争も辞さないという断固たる決意で通商を迫ります。

同じころ中国（清）では、イギリス船アロー号船上で清の官憲がイギリス国旗を引きずり下ろしたことから戦争に発展（アロー号事件）。英仏連合軍が、あっさりと広東を攻略してしまいました（1857、第二次アヘン戦争）。

こうした先例を見せつけられた幕府は、日米修好通商条約を締結（1858）。横浜・函館・長崎を開港しました（半年後に下田は閉鎖。新潟と兵庫は遅れて開港）。オランダ・ロシア・イギリス・フランスもこれに追随します（安政の五ヶ国条約）。

この条約が成立するや否や、貿易のための港・道路・役所などの整備が始まり、翌年の

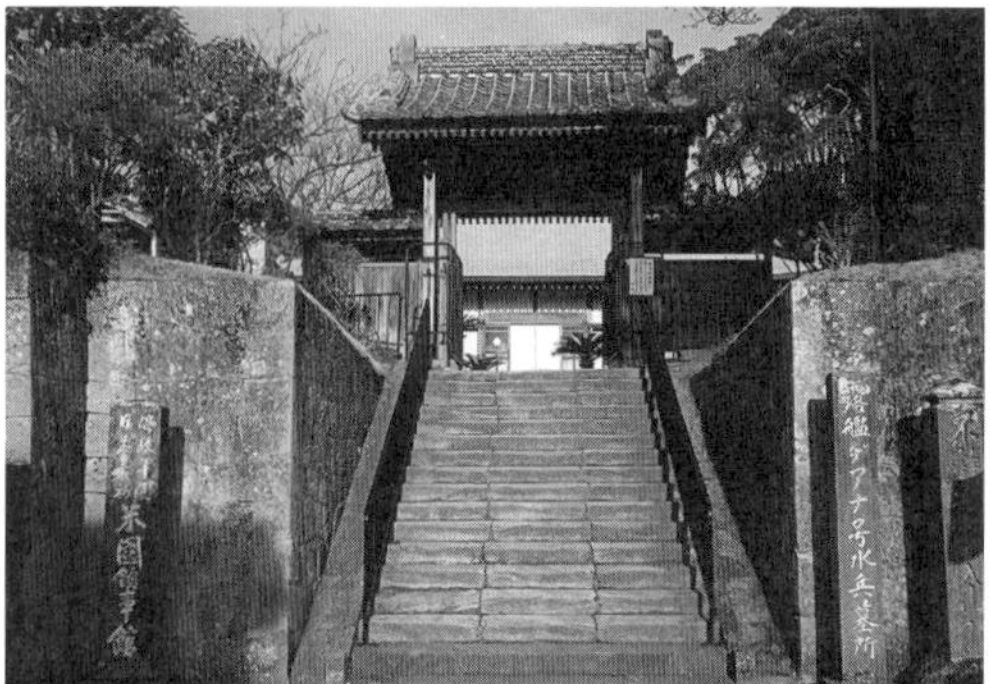

アメリカ総領事館が置かれた玉泉寺（下田市）

夏からは貿易商人たちが国内に居留するようになります。

ところで、日米和親条約によって下田に領事館が置かれた時点では、まだ通商貿易は認められていませんでした。しかし、アメリカ船員に対して日常生活上での欠乏品を補充する必要があったため、そうした雑貨を売る市場のような「欠乏所」が設けられました。ここでの小さな商いを通じて、下田商人は外国人の需要を察知することができたのです。そのため、数年後に横浜が開港した際に、いち早く商売を始められたのでした。そんな下田商人たちに交じって、下田奉行所の端役だった絵師の下岡蓮杖もできたばかりの横浜居留地に移り住むことになりました。

伊豆下田と清水湊の間は、小舟でも行き来できる距離です。出島松造が横浜開港の情報に接し、知り合いを頼って家を飛び出すことができたのも、下田商人の動きと関連があったと思われます。

開港と同時に、押し寄せる異国の人々

日米修好通商条約が締結されるや否や、まっさきにキリスト教の宣教師たちが来日します。ヘボン式ローマ字で知られるヘボン、大隈重信らの師匠となったフルベッキなどです。

当初は日本人への伝道が禁じられたままだったので、英語教師や技術者として立ち回りながら、信頼を勝ち得ていきました。

ひなびた漁村だった横浜も、開港が決まると、埋め立てや道路・建物の建設など突貫工事が行われます。開港の日を迎えると、アメリカ、イギリス、オランダなどの商船が次々に入港してきました。

一方、外国人との取引で一攫千金をねらう日本商人たちも、ぞくぞくと横浜に店を構えます。駿府（静岡）の有力商人たちも、特産のお茶を売り込むために、このころから横浜に進出しています。

発掘された居留地商館跡の展示（横浜市中区）

開港初年の12月頃、松造の密航を手助けしたショイヤーが来日しています。ショイヤーは寧波生まれの中国人も連れてきていました。多くの欧米商人は、上海・香港などとの貿易以来、中国人を使用人として連れてきていました。日本より約20年早く貿易業務の経験を積み始め、英語を理解し、筆談によって日本人ともコミュニケーションを取れる中国人。人の数だけを見れば、欧米人よりもむしろ中国人のほうが多いのが、横浜居留地の風景でした。

開港を認めない人々の「攘夷運動」

出島松造が家を飛び出して横浜に住み始めたころの1860年の春、幕府は条約批准を名目として、代表団をアメリカに派遣しています。このとき、遣米使節の随伴艦・咸臨丸艦長として勝海舟も渡米。若き日の福沢諭吉も幕府役人の付き人として団員に加えてもらい、初めての渡米を果たしています。ニューヨークに到着した幕府の使節はブロードウェイをパレード。アメリカの詩人ホイットマンが「ブロードウェイの盛観」と、武士たちの雄姿を称えています。

歓迎ムードのアメリカとは対照的に、日本国内では「開港自体を認めずに、欧米人を追い出して再び横浜港も閉鎖すべきである」と主張する攘夷運動が激しくなっています。とくに横浜では開港直後から、攘夷派の武士などがしきりに外国人殺害事件を引き起こします。外国人と取引する日本商人も命を狙われました。幕府はこうしたトラブルを防止するために、柵門や見張り番所を設置し警備体勢を強化します。港を中心にした一帯に堀を巡らせ、関門で守ったのが、現在の「関内」です。

出島松造が決死の密航に成功した頃の日本は、攘夷運動がますます激しくなっていました。アメリカ総領事ハリスの通訳を務めた青年ヒュースケンも薩摩藩士に暗殺されてしまいました。きわめつけは、西欧との通商政策を進めてきた大老の井伊直弼が攘夷派の浪士によって暗殺されるという前代未聞のテロ「桜田門外の変」です（１８６０）。さらに、井伊直弼の後を引き継いだ老中、安藤信正もまた攘夷派の浪士に襲われて負傷、ほどなく失脚しました（１８６２、坂下門外の変）。

１８６２年9月には現・神奈川県横浜市鶴見区の生麦村で「生麦事件」が起こります。イギリス人が薩摩藩の大名行列と出くわした際、乗馬したままで横切ったため、薩摩藩士が無礼討ちした事件です。

居留地の欧米人たちは、これによって恐怖と敵愾心《てきがいしん》を高め、倍返しの報復が叫ばれます。横浜港には居留民保護を名目に、英仏艦隊が集結。現在の横浜山手の港が見える丘一帯、フランス山やトワンテ山と呼ばれた辺りに軍隊が駐留しました。ここは翌年、下関戦争や薩英戦争の際の出撃基地にもなりました。

英仏の軍隊が駐留した横浜山手地区

攘夷運動の急先鋒である長州藩が下関海峡を通る外国船を砲撃すると、これに対して英・米・仏・蘭の四国連合艦隊も報復攻撃を行います。この頃には横浜の英仏駐留軍人は約２０００人にまで増えていました。

幕末の密航者たち

開港により欧米人たちはどんどん日本に入って来る、それなのに日本人は依然として海外渡航が禁止されている。そんな一方通行の状況が、多くの密航者を生み出すことになりました。

幕府の厳しい監視の目をかいくぐり外国への密航を企てたのは、出島松造一人ではありません。発覚すれば死罪となるかもしれないのに、外国の進んだ知識や技術を学びたいと、危険な渡海に果敢に挑んだ人々は他にもいました。

どれくらいの数の密航者がいたのか、正確なところは分かりません。密航に失敗した例もたくさんあったことでしょう。そんな中、密航こそ失敗したものの、その後に続く若者たちに大きな影響を与えたのは吉田松陰です。松陰と金子重之輔は、日米和親条約締結を終え、帰国する前に伊豆の下田港に立ち寄ったペリー艦隊に密航の直談判を行いました。しかし、

吉田松陰らが密航を企てた下田の海岸

ペリーから拒絶された二人は、牢獄に入れられ、金子は獄中死しています。

本来ならこの渡航失敗の段階で、吉田松陰も死刑になっていたのかもしれません。しかしこのときは、入牢、その後の謹慎という措置でおさまります。ペリー自身が、両国の関係をこじらせたくないので、穏便に済ませるように意見したともいわれています。松陰は郷里、萩で謹慎生活を送りながらも、松下村塾で弟子たちに自身の渡航失敗談を語り、消えることのない志を伝えました。

その後、長州藩は、幕府がアメリカに派遣した遣米使節団の中に、自藩の藩士を送り込みました。外国奉行の従者を務めた北条源蔵です。続いて、遣欧使節団に藩士の杉孫七郎を送り込むことにも成功します。欧米各国を歴訪した北条や杉は、藩主をはじめとする長州藩の人々に詳細な欧米情報をもたらしました。また、後に密航に成功する「長州ファイブ」は松陰の直弟子たちといえる人々です。

海外貿易を独占する幕府のやり方への反発は日増しに強まっていき、ついには藩ぐるみで密航を断行するに至ります。密航を企てた藩は、薩摩、佐賀、熊本、柳川、久留米、土佐、宇和島、長州、広島などです。幕府のご禁制に逆らう動きはますます広がっていたのです。それにしても、単独密航だった出島松造の場合は、藩ぐるみの密航よりも、さらに無謀な冒険であったと言えるでしょう。

出国時こそ「確信犯の犯罪者」として日本を飛び出した密航者たちでしたが、異国体験、学術修業を終えて帰国してからは、その多くが近代国家建設のトップランナーとして活躍することになりました。

以下に、歴史に刻まれている密航者たちの一例を挙げてみます。

橘《たちばな》　耕斎《こうさい》（１８２０～１８８５）

掛川藩士として生まれましたが、長じて脱藩、放浪。投獄の憂き目にも遭います。ペリー来航とほぼ同時期に日本を訪れていたプチャーチン提督率いるロシア船ディアナ号が安政大地震による津波で遭難したため、伊豆の戸田港で代替の西洋式艦船が建造されます。このとき、帰国するロシア人船員たちに紛れて密航しました（１８５４）。

ロシアでは日本情報提供者として優遇され、大学の日本語教師にもなっています。時あたかも使節団としてロシアを訪問した岩倉具視に説得されて、１８７３年に帰国。しかし、年齢的にもすでに50を過ぎており、明治新政府のもとで活躍することはありませんでした。晩年を寺に入って静かに暮らしたということです。

新島《にいじま》襄《じょう》（１８４３〜１８９０）

安中藩士として江戸藩邸で生まれました。幼少から抜群の優秀さを誇り、藩の期待を一身に背負って、蘭学を学び、軍艦教授所で猛勉強しました。ところが麻疹にかかって視力が急低下。軍艦教授所を休学しましたが、すでに開港されていた函館港から、１８６４年7月、密航を決行します。上海・香港を経由して、丸1年をかけて１８６５年7月、ボストンに到着しました。

アメリカでも勉学を重ね、アマースト大学や神学校に学びます。アメリカで最高学府である大学教育を受けた最初の日本人となりました。

新島が滞米中であった１８７２年、岩倉使節団一行がアメリカを訪れます。密航者とはいえ、完璧な英語を使いこなし、高等教育も受けた新島を岩倉使節団が放っておくはずがありませんでした。新島は木戸孝允の私設通訳者として使節団に随行し、欧米教育制度の視察調査役となりました。

アメリカに戻ってしばらく学業を続けた後、１８７４年11月、横浜に帰着。31歳のときでした。

明治政府の中枢にいた木戸孝允・森有礼らから、政府の高級官僚になるよう強く誘われますが、民の立場にこだわり、新島はこれを断ります。その後は同志社大学の設立に邁進しました。

彼は惜しくも47歳で亡くなりますが、その志は後継者たちに引き継がれていきました。熊本から出てきて京都の同志社で新島の薫陶を受けた徳富蘇峰は、新島を生涯の師匠として、言論界で活躍しました。


長州ファイブ（山尾庸三、井上馨、伊藤博文、野村弥吉、遠藤謹助）

日本が開港した直後から、大砲や軍艦などの輸入は活発になっていました。しかし、モノを輸入するだけではダメだと考え、日本国家のための「生きた器械になる」という決意で、文久３年（１８６３）に密航した若者たちがいました。後に長州ファイブと呼ばれる５人の長州藩士です。

この密航は藩の正式な方針ではなく、藩内でもごく一部の者たち（周布政之助、大村益次郎など）により極秘に計画されたものでした。そのため、十分な資金が得られず、たいへんに苦労しています。渡航の船の中でも一般乗客や留学生としてではなく、水夫見習いとして奴隷のようにこき使われながらの航海でした。

イギリスに留学して数カ月後のこと、英字新聞に目を通していた彼らは、長州の下関で英仏連合軍との戦争が起こりそうになっていることを知りました。長州藩とイギリス軍との仲立ちができるのは自分たちしかいないと、井上馨と伊藤博文の2人は急きょ帰国します。全員が帰国してしまっては留学の目的がなくなってしまうので、残りの3人は引き続きイギリスでの勉強をつづけることにしました。無位無冠の若者が、我らこそは国家の運命を決める志士であると自認して、大立ち回りする。こうした張り詰めた思いの連鎖が、明治維新の原動力だったのだろうと思われます。

初代総理大臣となった伊藤博文については説明するまでもありませんが、他のメンバーも新しい国づくりのキーマンとして活躍しました。

なお、5人の中でもリーダー格だった井上馨は後年、興津に別荘を構えたので、静岡にとても縁の深い人物です。「長者荘」と呼ばれた井上の別荘が建っていたのは、現在の「静岡市埋蔵文化財センター」（静岡市清水区横砂）の周辺です。晩年に至るまで明治の元勲として敬われ、明治43年には高さ5メートル近い銅像まで建てられました。あわせて、後輩に当たる渋沢栄一らが顕彰碑を建立しました。銅像は戦時中に供出されてしまいましたが、昭和53年、地元の人々の尽力で清見潟公園の一角に坐像が置かれました。その横には渋沢栄一が文章

井上馨の坐像と顕彰碑（清見潟公園）

井上馨旧邸址（静岡市埋蔵文化財センター）

を書いた石碑も添えられています。

薩摩スチューデント（留学生15名、使節4名）

「密航」とはいえ、薩摩藩の正式な方針として渡航しています。これは、おおっぴらに幕府の鎖国政策を無視する行為です。藩の公費を使っているので、資金も充分でした。反面、長州ファイブのような燃えたぎる情熱には乏しく、せっかく選ばれたのに辞退する者もいたほどです。

もちろん、寺島宗則、森有礼、五代友厚のように帰国後の日本で大活躍した人物もいます。一方で、帰国後の動静がまったく不明な人物もいます。帰国後に活躍した人物が限られるのは、長州ファイブとの「志」の差とも考えられます。

偶然か必然か、ロンドンで出会った薩摩藩士と長州藩士。日本国内では殺し合いするほど犬猿の仲でしたが、異国の地で苦労を共にするなかで「同じ日本人」という意識が芽生えます。1年以上も先にロンドンで暮らし始めた長州藩士が、右往左往する薩摩藩士たちに現地情報を教えます。一方、金に困っていた長州藩士は、藩の公金で留学している薩摩藩士たちからのカンパ金をもらって、学業を継続することができました。こうした友情が、のちの日本での「薩長同盟」の下地になったことが想像できます。

その他の藩の動向

前述した薩摩と長州は有名ですが、他にも多くの藩で密航の企てがあったといわれています。

幕府派遣の公式使節や留学生が欧米諸国に行ってみると、すでに少なからぬ密航者がいることが明らかになりました。しかも、このことを各国政府も認めていたのです。

そもそも、イギリス公使パークスなどが幕府に対して、海外渡航の自由化を強く要請していました。そんな状況の中で、渡航禁止の建て前論を振りかざすことは、幕府の権威を失墜させるばかりです。幕府としては現実を追認するしかなくなり、ようやく海外渡航の解禁に踏み切ることになりました。

松造が渡航した頃のアメリカ

国土面積も人口も膨張し続けていたアメリカ

北米大陸の東海岸沿い13州から始まったアメリカ合衆国は、1800年代に入ると西へ西へと領土を拡大。外交交渉、買収、ときには戦争によって、その広さは2倍、3倍と膨れ上がっていきます。この時代のアメリカは、国土の広さも人口もぐんぐんと増えていく、まさに上げ潮の国だったのです。

1848年、メキシコとの戦争に勝利したことで、ついに領土は西海岸カリフォルニアにまで到達します。同じ頃、川辺で水車を作っていた男が黄色く光る砂粒、砂金を見つけたことから、ゴールドラッシュが起こりました。アメリカ国内はもとより、ヨーロッパや中国大陸からも、一攫千金を夢見る者たちが押し寄せました。かのジョン万次郎も、日本への帰国費用を稼ごうとして、金を探しに来ているほどです。

カリフォルニアなどの西海岸の町に人々が集まってくると、東西を結ぶ道路の建設が進みます。最初は駅馬車、次いで大陸横断鉄道の建設工事が始まります。1863年にセントラル・パシフィック社がカリフォルニアから東に向けて鉄道工事を開始。同じころ、ユニオン・パシフィック社がオマハから西に向けての鉄道を伸ばしていきます。危険で過酷な工事には、中国（清）広東省から渡ってきた苦力（クーリー）と呼ばれる労働者が数多く携わっていました。これも、アヘン戦争後に香港などから出稼ぎ中国人が大量流出していった結果です。

1862年5月に出されたホームステッド法（自営農地法）も西部開拓を促進する大胆な法律でした。西部に入植して、5年間開拓に携わった21歳以上の市民には、160エーカー（約20万坪）の土地を無償で与えるという制度です。

何の資産もない者でも大地主、資産家になれるという夢を振りまいた時代でしたが、それは反面では原住民のインディアンたちを蹴散らし、森や平原の野生動物を殺し尽くしていく、乱暴な時代でもありました。

アメリカ史上最大の内戦、南北戦争

出島松造が密航したちょうどそのころ、アメリカでは第16代大統領としてリンカーンが選出されました。就任式は翌年3月。このリンカーン大統領の登場をきっかけに、アメリカ合衆国は、国論が二分される事態となりました。

リンカーン大統領が属する北部諸州は、奴隷制度に反対の立場でした。とは言っても、黒人も白人も差別なく仲良くしようという意味ではありません。奴隷制度を廃止したうえで、解放した黒人はアフリカに帰すなり、国内でも僻地に送るなりして、白人だけの社会にしようという意味でした。アフリカのリベリアは、アメリカを出ていく黒人たちのための受け皿として建国された国でした。

これに対して、南部諸州は綿花栽培などで多くの黒人奴隷を使用している現状があるので、奴隷制度は維持すべきであるという立場です。

リンカーンが次期大統領に決定するや否や、まずサウスカロライナ州が連邦からの離脱を表明。続いて、ミシシッピ、フロリダ、アラバマ、ジョージア、ルイジアナ、テキサスの南部6州が連邦を離脱していきます。合衆国を離れた南部諸州は、南部連合を結成し、独自の大統領を擁立します。やがて武力抗争がはじまると、ヴァージニア、アーカンソー、ノースカロライナ、テネシーの4州も連邦離脱して南部連合に入り、その勢いはさらに加速。合衆国を二分する、アメリカ史上最大の内戦になりました。

何としてもアメリカ合衆国の大分裂だけは阻止したいリンカーン大統領でしたが、奴隷制度を巡っては、難しいかじ取りが必要でした。

1863年1月、リンカーンは「奴隷解放宣言」を出します。離脱諸州の奴隷を解放するという内容です。宣言に実効力はないものの、北軍の戦意高揚には貢献します。南部諸州の黒人奴隷たちも脱走して北部に流れ込んできて、解放軍が組織されました。ただし、ここでも黒人と白人は別々の組織であり、歴然とした上下関係がありました。

激戦地となったペンシルバニア州ゲティスバーグの戦いで南軍は敗退。戦没者を悼む集会でリンカーンは語りました。「ゲティスバーグで亡くなった人たちは決して無駄死にしたわけではない。神のもとで、この国に新たに自由を生み出し"人民の、人民による、人民のための政府"を、この地上から消え失せないようにするために命を捧げたのだ」と。

1865年4月、南北戦争が終結。戦没者は両軍合わせると60万人以上にものぼりました。そして戦争終結のわずか5日後、リンカーン大統領が暗殺されます。

余談ながら、日本の童謡「♪おたまじゃくしは蛙の子〜」は、南北戦争中に歌われた北軍の行進曲メロディだったそうです。もしかしたら、ペンシルバニア州で仕事をしていた松造も、このメロディを聞いていたのかもしれません。

出島松造は、アメリカにおいて南北戦争の勃発から終結までを間近で見て、戦後の復興への歩みも感じ取っていたことでしょう。彼がアメリカを離れたその翌年、大陸横断鉄道が完成しています。

松造が帰国してからの日本

殖産興業にひた走る

出島松造がアメリカに行っている間に、日本の対外政策は180度転換していました。そして彼が帰国した頃には、猛烈な勢いで西欧の学問や技術を取り入れようとしていました。そのため、英語を理解し、アメリカの文化を実体験した松造は、各界から引っ張りだこになります。

明治3年（1870）、イギリス式の技術を導入して鉄道の建設が始まった際には、本国からエドモンド・モレルをはじめ多数の技術者集団が来日し、鉄道敷設を指導しました。このとき、松造は工務省鉄道寮に配属されているので、通訳として貢献したと思われます。新橋から横浜までを53分で走る蒸気機関車の鉄道が開通したのは明治5年のことでした。

明治新政府にとって、蝦夷地の開発も重要な課題でした。明治2年、蝦夷地は名称を「北海道」と改められ、未開の原野に開拓の鍬が入れられました。現地の自然資源を活かして、どんな産業を興すことができるか模索する新政府は、北海道開拓使という専門の部署を創ります。さらに、アメリカから輸入した家畜や作物、農機具の中から、日本の風土に適する品種や栽培技術を調べるために、東京青山に試験場も置かれました（現在の青山学院大学の場所）。ここでの試験を経て、アメリカ流の農業が北海道に移植されました。あわせて、北海道の農林水産物の加工・商品化も研究されました。

開拓使の役人となった松造も、北海道に派遣されます。現地ではサケ・エゾシカ・ハマナスなど、地元の資源を活かした殖産興業に邁進しました。ハマナスの香水、エゾシカ肉の燻製など、様々な商品の開発にも挑戦しています。

サケの缶詰製造工場が建設された際は、最初の1年半だけ、お雇い外国人（トリート、スエット）の指導を仰ぎますが、技術を習得すると松造自身が工場長となって、後進を育成していきます。日本の缶詰工業の歴史はここから始まったのです。

東京では上野公園で「内国勧業博覧会」が催され、日本各地からの物産、新技術について情報交流が進みました。当時のヨーロッパで開催されていた万国博覧会の国内版です。松造も缶詰製品など研究開発の成果を出品しています。第2回の博覧会では、出品委員という役目も担っています。この博覧会が元となって、のちに国立科学博物館や上野動物園といった文化施設が誕生し、さらには通産省といった部局にも発展していきました。

海外体験者たちの世代交代

日本が開国に至るまでの時期に活躍したジョン万次郎は、明治3年（1870）頃から公務を離れていきました。ジョン万次郎が第一線を退いた後の10年間ほどが、出島松造の最も活躍できた時期でした。

開国に先立つ文久2年（1862）からは旧幕府により留学生が派遣されていました。明治2年からは明治政府による日本青年の海外留学制度が始まっています。明治初期の洋行帰りの人材を幾人か挙げてみましょう。

西《にし》周《あまね》

津和野藩出身。洋学を志し脱藩。1862年、幕命によりオランダのライデン大学に留学。法律、経済、哲学を学び、帰国後は開成所教授となる。明治政府では陸軍、文部、内務の各省官僚を歴任。ヨーロッパ近代の学問・思想の移植に努めた。

外山《とやま》正一《まさかず》

1866〜1868年にイギリス留学。幕府崩壊により帰国、静岡学問所教授になる。ほどなく明治政府に出仕。1873〜1876年にアメリカ留学、明治9年に帰国。東京帝国大学総長、文部大臣など歴任。

赤松《あかまつ》則良《のりよし》

静岡藩士。1860年には咸臨丸乗組員として太平洋を横断。1862〜1868年には幕府の留学生としてオランダに派遣され、海軍を学ぶ。徳川家移封に従い、遠州見付（磐田市）に移住。沼津兵学校の教授を経て、明治政府に出仕。海軍の発展に尽くし、退役後は見付（磐田市）に隠棲。

当初は「お雇い外国人」として、西欧の技術者らが大臣並みの高給で招聘されていました。北海道では、有名なクラーク博士（W．S．クラーク）が札幌農学校の基礎を築きました。静岡では同じ名前の青年教師クラーク（E．W．クラーク）が、静岡学問所で化学・英語などを教授しました。ピーク時には国内に五百人以上ものお雇い外国人がいました。

明治も十年代に入ってくると、欧米に留学していたエリート青年たちが次々と帰国し、指導的立場に就くようになりました。それに従って、お雇い外国人の役割は低下していきます。主としてお雇い外国人とともに仕事をしていた出島松造の出番も次第に少なくなっていきます。時代を動かす人々の顔ぶれも、時とともに変わっていくのでした。

出島松造を取り巻く人々

出島 竹斎（1816〜1887）

松造の父親。小鹿村の名主。彼自身も14歳の頃に身延（山梨県）に旅したのを振り出しに、若い頃は諸国を旅して、日本各地の神社仏閣を巡っていた。

江戸幕府の崩壊により駿府に移住してきた旧幕臣たちの生活再建に奔走する勝海舟、山岡鉄舟、大久保一翁らに、地元側の取りまとめ役として信頼された。渋沢栄一が指揮した「常平倉」という金融機関の役員も務めている。

敬神家として知られ、久能山東照宮の宮司にもなっている。

ショイヤー（Schoyer. Raphael）（1800〜1865）

出島松造が自伝の中で「ソーヨ」と称しているアメリカ人が、この人物だと推定される。ユダヤ系のアメリカ移民。カリフォルニアで雑貨商を営んでいたが、60歳近くになって来日。居留地では競売商をしていた。また、幕府と交渉していくつもの日本家屋を借り、それを各国の居留人たちに又貸しして儲けるなど、したたかな面もあった。

横浜の外国人コミュニティの中での長老格で人望があり、居留地内での自治組織、「居留地参事会」の初代議長も務めている。居留地人向けに新聞 The Japan Express を発行。日本滞在中に死去し、横浜外人墓地に葬られる。妻のアンナは画家。下岡蓮杖に日本の風景画を描かせて、アメリカで販売した。

下岡 蓮杖（１８２３〜１９１４）

伊豆下田出身。江戸で画業を学び、当時浦賀に入港した黒船を描いて好評を得る。西洋の写真に驚き、独学で写真術も学ぶ。下田奉行所の端役などで働きながら、アメリカ領事館（玉泉寺内）のハリスや通訳ヒュースケンらに接触。横浜が開港されて下田が閉鎖されると、横浜に出て、ショイヤー宅に住み込んだ。状況から推測すると、出島松造とも出会っていたはずだが、史料で確認できない。横浜で写真館を開業。日本における商業写真家の草分けとなった。下田に銅像、顕彰碑、記念館がある。

下岡蓮杖の像（下田市）

ジョセフ・ヒコ（浜田彦蔵）（1837〜1897）

彦蔵、あるいは彦兵衛（幼名は彦太郎）。播州（兵庫県）出身。少年時代、漁労見習中に海難事故で遭難、アメリカの商船に助けられて渡米し、そのまま帰化。その後、開港直後の横浜で貿易商の通訳として働いた。このとき出島松造はヒコに出会う。松造は、英語ペラペラのヒコに憧れ、「ヒコのようにアメリカで暮らしたい」と思うようになった、と自伝に記している。

横浜居留地では、日本人文筆家を助けて英字新聞を日本語に翻訳した「海外新聞」を発行するなど、新聞事業の草分けとしても活躍。青山霊園の外国人墓地に眠る。

町田　房蔵

日本で初めてアイスクリームを販売したとされる人物。出島松造からアイスクリーム製造法を習ったものと思われる。

当時のアイスクリームは一般庶民には手の出ないほどの高級品だったが、商売は繁盛したようである。横浜馬車道通りに店

アイスクリーム発祥地の記念像

を構えたとされ、その場所には日本のアイスクリーム発祥の地として、記念の母子像が建てられている。

福沢 諭吉（1835～1901）

遣米使節団の一員として二度目に渡米した際、サンフランシスコで出島松造と知り合う。松造に帰国を勧め、松造の実家に宛て手紙を書いたという。欧米の見聞をもとに執筆した『西洋事情』『学問のすすめ』は、当時のベストセラーになった。慶應義塾大学の創立者でもある。

伊藤 博文（1841～1909）

長州藩からの密航のメンバー（長州ファイブ）として、イギリスに留学している。しかし、長州と英仏艦隊の戦闘が起こったことから、イギリス滞在はわずか数カ月にして、急きょ帰国。そのため、十分な英語習得の時間が持てなかった。明治新政府では大蔵省官僚として活躍し、アメリカに貨幣制度の調査に赴いた際（明治3年）、出島松造を通訳として同行させている。のち、初代の総理大臣になる。

モレル（Edmund.Morel）（1840～1871）

イギリス人技師。日本に鉄道を敷設するにあたり、イギリスから多数の技術者を招聘しているが、その中の中心的人物。出島松造は、彼らイギリス人技師たちの通訳として活躍したものと思われる。モレル本人は、滞日一年足らずにして病死してしまうが、日本の実情を踏まえた鉄道設計を提案し、「日本の鉄道の恩人」として称えられている。死後は横浜の外人墓地に葬られる。

クラーク（William.Smith.Clark）（1826～1886）

アメリカのアマースト大学で教員をしていたとき、新島襄に化学を教授していたこともある人物。

北海道の札幌農学校の初代教頭。出島松造とともに、日本で初めての缶詰を試作したとされる。「少年よ、大志を抱け」の名言で知られる。日本滞在期間はわずか9カ月ほどだったが、その遺風は後々までも、日本の青年たちに影響を与え続けた。

横浜居留地の外国人墓地

トリート（Upham.Stowers.Treat）（１８１１〜？）

缶詰製造技師。若手技師（スエット、25歳）を伴って明治10年に来日。石狩、次いで根室の官営缶詰工場で指導にあたる。このとき、トリートは66歳。工場にアメリカ製缶詰製造機械を導入した。出島松造が通訳となって各地から来ていた伝習生たちに技術を伝える。明治12年に帰国したのちは、松造自身が技術指導にあたることになる。

高島　嘉右衛門（１８３２〜１９１４）

実業家、易断家。出島松造が建言した外国語学校を実現した。教師陣として外国人のほか福沢諭吉の高弟らを招聘している。残念ながら学校は数年足らずで火災に遭い、閉校。しかし、横浜港の埋め立て工事、鉄道敷設、ガス灯設置などの開化事業に幅広く貢献したことから、「横浜の父」とも称される。

他方、易者として大久保利通や伊藤博文の暗殺を予見するなど、今日では「高島易断」の創始者としての知名度の方が高い。

鈴木　卯兵衛（１８３８〜１９１０）

千葉県出身の商人。もとはアメリカ商社で働いていたが、出島松造のアドバイスを得て、明治23年に日本人による園芸商社「横浜植木商会」を立ち上げる。出島松造の参画により、アメリカでの拠点となるサンフランシスコ支店が開かれた。松造、3度目のアメリカ渡航の成果である。この会社が発展して、現在の園芸会社「㈱横浜植木」につながっている。

参考文献

『幕末・明治の横浜・西洋文化事始め』斎藤多喜夫
『グローバル幕末史』町田明広
『明治を作った密航者たち』熊田忠雄
『アメリカ史』紀平英作
『静岡の文化・二六号』／「出島松造小伝」真杉高之
『財界ジャーナル・一九八〇年十月号』／「出島松造の伝記」斉藤斉　ほか

あとがき

　はるか以前、県議会の文教委員会の視察で岩手県に赴いた折り、明るい声で熱心にその地域を説明するガイドの方が突然私たち議員に質問してきました。

「ところで静岡県から総理大臣はこれまで何人出ていますか？」

　全く藪から棒に、しかし嫌味もなく気楽に聞いてきたのですが、この質問に静岡県議団はしばし黙して語らなかったところ、そのガイドの方は、「岩手県では原敬がそうでしょう。そして斎藤実、米内光政、そして最近では鈴木善幸の四人がいます」とおっしゃったのです。

　さらに聞いていれば「後藤新平、新渡戸稲造」など明治の元勲、知識人らの名を次々に羅列するのでした。

　聞いてなるほど、これが岩手県のご自慢かと感心しつつも、舞台を静岡に移せば政界ばかりかあらゆる分野で本県出身の傑物の何と希薄なことか、いささか寂しさを覚えたのでありました。

　ここに紹介した「出島松造翁」はなるほど静岡県民には珍しいタイプの人物ではありますが、たたき起こされて迎えた「日本の夜明け」の中で、「独立自尊」を旗印に世界に雄飛した彼の役割はたいへん大きく、ぜひ皆様のご記憶に留めていただきたいと願い上梓するに至りました。

　出版に関わって下さった各方面の方々に感謝申し上げ、ご一読いただいた読者の皆様には厚くお礼申し上げます。

天野進吾

1942年、静岡市生まれ。静岡市議会議員を二期、静岡県議会議員を九期、静岡市長を二期務める。

現在は株式会社静岡メディスン代表取締役。

出島松造のことを初めて知った時、私はすぐにマンガにしたいと思いました。こんなドラマチックな生涯を歩んだ人物が、わが故郷の先人にいたとは。しかも、まだあまり知られていない——ならばマンガ家として、ペンを執らずにはいられない。そんな止むに止まれぬ気持ちになったのです。

一気に描き上げたものの、完成した時にはまだ出版先は決まっていませんでした。しかし、これは静岡に根ざしている出版社にお願いするに限ると思い、「まんがでわかる！今川義元ものがたり」（２０１９年）「デコちゃんが行く　袴田ひで子物語」（２０２０年）でお仕事させていただいたご縁がある静岡新聞社さんに依頼することとなりました。

私の役割は地域に埋もれた人物に光を当てて、後世にわかりやすくお伝えすること。出島松造についても、そんな役割を果たすことができれば幸いです。

たたらなおき

1964年、静岡市生まれ。絵本・まんが・造形作家。絵本「サンポくんのたび」「ぶた　たこ　とんだ」（岩崎書店）、「日本の神話シリーズ」（日本文化興隆財団）、「まんがでわかる！今川義元ものがたり」「デコちゃんが行く 袴田ひで子物語」（静岡新聞社）、「まんがならわかる！日本書紀」（扶桑社）などを出版。静岡朝日テレビカルチャー、千代田スクール講師。

出島松造という静岡ゆかりの人物について、縁を感じて素人なりに調べ始めたのは2年ほど前のことでした。文献を読むほどに、横浜開港直後の雰囲気、南北戦争只中であったころのアメリカの状況など、歴史を垣間見るような楽しさを覚えたものです。福澤諭吉、クラーク博士など、有名な歴史人物との関係も小さな驚きでした。人が人から学んだり支えられたりと、その綾なす人生模様がおもしろいと思いました。

時あたかも天野進吾氏が、この出島松造なる人物に注目、顕彰していました。それが核となって、雪だるま式にこの本ができたわけです。

それにしても、記録を残しておくことが大切だと、つくづく思います。出島松造の場合も、大正8年に金婚式記念として自伝を少部数作っていたことが幸いでした。このわずか14ページの自伝が残っていたおかげで、彼の孫や歴史研究者らが肉付けして、100年後の世人にまで伝わったのですから。さらに今回、マンガ化されたことで、子どもも含めて、いっそう広く市民に伝わることでしょう。

今後も引き続き、地域ゆかりの先人に光を当ててゆく活動に取り組んでいきます。知られざるライフヒストリーが、まだまだ埋もれていることでしょう。この本を読んでくださった方々からも、「こんなスゴイ人もいるよ」といった声を寄せていただけるとありがたいです。

村上敏

1960年、静岡市生まれ。静岡人物史研究会。官・民の教育研究機関において環境学習プログラムなどの研究に携わる。静岡に「人物史ミュージアム」を創ることを構想中。週末は里山保全活動として、近所の谷津山にて子どもたちの自然あそび場づくりを続けている。

謝辞

一昨年の夏頃、天野進吾様より突然連絡を頂き、出島松造翁を静岡の偉人として世に出したい旨の話を頂きました。大変有難いお話で私からもお願い致しました。

翁の父親（竹斎）は、久能山東照宮の民間では最初の宮司として仕えました。また幕末の徳川幕府、明治政府の要人と多少なりとも関わりのあった竹斎翁からすれば、松造のしでかした掟破りはとても重大で、以降出島家では松造翁の話は伏せてきたと推測します。

平和な今だからこそ言葉にできる勇敢な先祖さんの生涯に光を当てて下さった天野進吾様、たたらなおき様、村上敏様には、心よりお礼を申し上げます。

出島勝郎
竹斎から九代目の出島家当主
静岡市駿河区小鹿在住

出島松造の年譜

西暦	和暦	年齢	できごと
1842	天保13年	0歳	駿河国小鹿村の豪農、出島家に生まれる
1854	安政元年	12歳	この頃、駿府の商店で奉公
1860	万延元年	18歳	奮起し、家を出る。横浜で貿易商人の元に転がり込み、やがて密航を企てる
1861	万延2年	19歳	米国到着。以後、雑貨商店、ビール樽工場、農牧場などで懸命に働く
1867	慶応3年	25歳	福沢諭吉ら、遣外使節団の通訳を務める
1868	明治元年	26歳	帰国。明治政府の要請で奔走
1869	明治2年	27歳	埼玉県秩父郡吉田村出身の小池房子と結婚
1870	明治3年	28歳	貨幣制度視察のため、伊藤博文らの通訳として渡米
1871	明治4年	29歳	鉄道省、農務省などで、お雇い外国人の通訳などに従事
1876	明治9年	34歳	開拓使御用掛として北海道に赴任
1882	明治15年	40歳	退官、上京。渋谷に元大名屋敷を買う
1885	明治18年	43歳	保証人になったことが災いして土地財産を失う。横浜でアメリカ商社に就職
1890	明治23年	48歳	園芸商社の創業に参画
1893	明治26年	51歳	外国商館に通訳として勤務
1900	明治33年	52歳	再び園芸商社に勤務
1901	明治34年	59歳	この頃、第一線を退き悠々自適の生活
1923	大正12年	81歳	関東大震災に遭難、嫡男や孫を失う。親類の元に身を寄せる
1928	昭和3年	85歳	死去

出島松造

ボーイズ・ビー・アンビシャスを体現した男

発行日　2021年3月12日　初版発行

著者　天野進吾
たたらなおき
村上敏

発行者　株式会社 静岡メディスン

発売元　株式会社静岡新聞社
〒422-8033　静岡県静岡市駿河区登呂3-1-1
電話　054-284-1666

ブックデザイン　利根川初美(823design)

印刷・製本　図書印刷株式会社

ISBN 978-4-7838-8021-9 C0021